HERMENÉUTICA

Y

HOMILÉTICA

HERMENÉUTICA

Y

HOMILÉTICA

Pastor José Manuel Sierra

Las citas bíblicas están tomadas de la traducción Reina Valera revisión de 1960 mientras no se especifique otra. Se utilizaron diseños de Freepik.com

Título: *Hermenéutica y Homilética*

Autor: José Manuel Sierra
       E-mail: mividanueva@mividanueva.org

Edita: Sarai Fernández Rodríguez
       E-mail: edicionessarai@gmail.com

© Jose Manuel Sierra, 2020

ISBN: 9798652173753

"Sécase la hierba, marchítase la flor; mas la palabra del Dios nuestro permanece para siempre".
Isaías 40:8

Índice

Dedicatorias

Dedico este libro a mi familia que tanto amo: a mi esposa Elena y a mis hijas Priscila y Miriam. También, quiero dedicar este libro a todo el maravilloso pueblo de Dios. Agradezco desde lo profundo de mi corazón a todo aquel que haya adquirido este libro. Mi corazón se llena de alegría por personas como usted, que quieren seguir creciendo en el conocimiento de nuestro Señor Jesucristo. Oro para que el Señor alumbre los ojos de su entendimiento y conozca la esperanza a la que Él le ha llamado, y las riquezas de su gloria para su vida.

Pastor José Manuel Sierra

Prólogo

Estimado lector, quisiera darle mi más sincera enhorabuena por la adquisición de este libro. Lo cual significa que usted, como estudiante de las Sagradas Escrituras, se encuentra en el camino correcto.

Esta obra está dividida en dos partes: En la primera, usted encontrará las herramientas indispensables para realizar una correcta interpretación de cualquier texto bíblico. En la segunda parte, encontrará las claves para poder desarrollarse en el arte de la predicación. Las cuales le servirán tanto para iniciarse como para perfeccionarse.

El Pastor Manolo Sierra siempre ha tenido en su corazón una carga muy grande por ayudar al pueblo de Dios en su formación teológica y espiritual. Es por ello que el propósito de este libro consiste en poner en sus manos una síntesis tanto de la Hermenéutica como de la Homilética.

Además, al abordar este material, usted podrá comprobar por sí mismo, lo sencillo que le resultará aplicar estas herramientas en su estudio diario de la Palabra de Dios; pues estas le llevarán a un nivel superior de crecimiento y madurez espiritual.

Freddy Fernández

Pastor y maestro bíblico en Alicante, España.

PRIMERA PARTE:
HERMENÉUTICA

Introducción a la Hermenéutica

En su sentido técnico, la Hermenéutica se define como la ciencia y el arte de la interpretación bíblica. Se le considera ciencia, porque tiene reglas que se pueden clasificar en un sistema ordenado. Se le considera arte, porque su comunicación es flexible y, por tanto, se puede distorsionar el verdadero sentido de la comunicación si se aplican dichas reglas de manera rígida y mecánica.

Por tanto, para llegar a ser un buen intérprete de las Sagradas Escrituras, es necesario aprender las reglas fundamentales de la Hermenéutica, así como el arte de aplicar tales reglas.

La primera es que "la Biblia se interpreta a sí misma". Esto no se debe pasar por alto porque, en consecuencia, se tiende a recurrir a otras fuentes cuando la fuente misma es la Biblia. Como la Biblia es un compendio de libros, lo que no se entiende en uno, se entiende en otro. Así que, la mejor forma de interpretarla es utilizándola.

La segunda regla es que "un texto fuera del contexto es un pretexto". Cuando se toma un versículo sin respetar el por qué se está diciendo, se puede crear una falsa doctrina y creer o hacer creer algo que la Biblia no dice. Tomar una parte no respetando el "todo", es muy peligroso. Este suele ser el típico sistema que emplean los que manipulan la

Palabra. Es fundamental preguntarse ¿quién lo dijo? ¿a quién se lo dijo? y ¿por qué se lo dijo?

La tercera regla es cuando encontramos dos versículos que aparentemente se contradicen, es decir, cuando uno dice una cosa y el otro dice otra. Lo que se debe hacer es buscar un tercer versículo que aclare lo que aparentemente los dos anteriores contradicen. Y si no es posible encontrarlo, entonces no hay discordancia entre el versículo A y el versículo B. Esto significa que ambos dan parte de la información desde el punto de vista de cada uno, pero no existe contradicción.

La siguiente regla consiste en que "la Biblia no contiene incoherencias". Eso no significa que pueda haber algo que no se comprenda del todo: una parte, un texto o una historia.

Otra regla fundamental es que "a la Biblia no le falta ni le sobra nada". Es muy importante tener en cuenta no solamente lo que la Biblia dice, sino también lo que la Biblia omite. Porque muchas veces se estudia solamente lo que dice, pero también es necesario estar pendiente de lo que la Biblia no dice. También es importante tener en cuenta que, si no menciona nada sobre algo en concreto, es posible que el Señor no quisiera que se malgaste el tiempo con ciertos temas. Por tanto, es más importante invertir el tiempo y las horas de estudio en lo que la Palabra dice que en lo que no dice.

Para encontrar el tema principal de un pasaje, hay que fijarse en varias cuestiones: las palabras clave; el contexto (lo anterior y lo posterior); el tiempo de los verbos (presente, pasado y futuro); la estructura; etc. Y deben realizar varias preguntas al texto como: ¿A quién se dirige? ¿Cuándo? ¿Dónde? ¿Por qué? ¿Cuál es el propósito?

En definitiva, el propósito de una buena interpretación bíblica no es descubrir lo que jamás nadie haya visto antes, sino llegar al significado sencillo del texto. Pues esto nos traerá paz a la mente y aliento al corazón.

A lo largo del libro vamos a analizar y a explicar varios ejemplos para poner en práctica todo lo dicho anteriormente.

Primer capítulo: Los métodos y las figuras literarias en la Biblia

Cuando uno es capaz de interpretar ciertas y determinadas cosas, también puede saber lo que significan en otro libro de la Biblia. Lo mismo ocurre con los sueños, cuando usted sueña algo y siente que viene de parte de Dios, tiene que ir a la Biblia para saber el significado de lo que ha soñado. Por ejemplo, ¿qué interpretación le dieron en la Biblia al agua, a la sangre, a los animales...? Pues allí estará el significado.

También es muy importante entender, por qué se dijo eso en ese momento. Hay cosas que hoy en día tienen otra connotación completamente diferente. No debemos interpretar la Biblia con nuestro concepto occidental del siglo XXI, ni como uno lo ve, sino entendiendo el contexto histórico de la Biblia. Porque lo que hoy significa una cosa, en aquel tiempo significaba otra. Es fundamental respetar el concepto del tiempo.

Además, existen lo que llamamos las "dispensaciones", las cuales son: inocencia, conciencia, gobierno humano, promesa, ley, gracia y reino. Y se refiere al método de interpretación de la historia, el cual divide la obra y los propósitos de Dios hacia la humanidad en diferentes periodos de tiempo. Aunque Dios es el mismo, los tiempos han cambiado. La información que el creyente tiene hoy en día, no es la misma información que tenían los creyentes hace mil años. Por tanto, la forma en que Dios trata con nosotros, probablemente es muy distinta a la forma que Dios utilizó para tratar con Adán y Eva, ya que no tenían Biblia; ni pastor; ni iglesia; ni nada por el estilo.

En cuanto al trasfondo histórico, es muy importante que cuando leamos un pasaje de la Biblia, nos situemos en las costumbres, la historia, la geografía del lugar, etc. Por ello, creo que una de las grandes ventajas de viajar a Israel es ver sobre el terreno la geografía bíblica.

Con respecto al género literario, debemos saber qué es lo que estamos leyendo: una poesía, una parábola, una promesa... En definitiva, conocer la intención del autor.

Cuando leamos un texto, debemos preguntarnos: ¿Está hablando en singular o en plural? ¿Era para todos o está hablando en singular para una persona en particular? Además, es importante preguntarle cosas al texto para saber si se trata de un pecado, si es un pecado a seguir o no seguir; si es una orden; una información; una verdad; un consejo; etc.

En los siguientes capítulos he añadido una lista con 14 reglas fundamentales, la cual les va a ayudar muchísimo para poder interpretar cualquier texto bíblico.

Cuando se estudia Hermenéutica, hay varias formas de estudiar esta asignatura:

I.   **El método o sistema racionalista:** Implica someter todo a mi propio juicio particular. Por ejemplo: Hay gente que cuando lee sobre las diez plagas de Egipto, dice que río arriba hubo un desprendimiento de tierra, que el mar se partió o que el río Jordán se secó, y entonces quedó un charco de agua por donde cruzó el pueblo de Israel. Esta teoría carece de sentido porque si fuera así, no se habrían ahogado miles de soldados y caballos. Por lo tanto, este método significa estar siempre tratando de darle una aplicación racional a todo: "Si no me entra en la cabeza, no lo acepto". Lógicamente, no podemos estar de acuerdo con eso, porque muchas veces Dios rompe la norma y va en contra de la corriente. Este método racionalista no es el correcto. Dios no prohíbe pensar, al contrario, pero no se debe filtrar la Biblia únicamente con la mente, porque esta muchas veces se sale de la lógica.

II. **El método o sistema alegórico:** Es aquel que dice: "La Biblia simplemente describe una lucha entre el bien y el mal, utilizando personajes como Abraham, Moisés; la luz; las tinieblas; los soldados; etc. Pero no es real, es una alegoría, una historia que se cuenta para conocer el mundo espiritual: lo que pasa con

23

los seres humanos, los demonios, los ángeles... pero es simplemente una alegoría". Esta forma de pensar es totalmente falsa. Es verdad que en la Biblia hay alegorías, incluso fábulas (árboles que se ponen a hablar unos con otros), pero la Biblia es mucho más que simplemente algo alegórico.

III.   **El método o sistema dogmático:** Este sistema es aquel que uno quiere adaptar a su propia doctrina. "Yo tengo una lista de creencias y entonces cojo esta parte de la Biblia y digo: esto me viene bien, esto no me interesa; esto lo aplico a mi iglesia; esto no me conviene; esto sí, esto no". Pero esto no es como ir al McDonald's, hay que tomar la Biblia desde el principio hasta el final.

Entonces, ¿cuál es el sistema correcto?

IV.   **El método o sistema gramático-histórico:** Este es el sistema correcto. La Biblia evidentemente cuenta una historia, pero no cuenta todos los detalles. El mismo Juan dice que él no escribió todo lo que le oyó decir y hacer al Señor Jesucristo. Y ahí emplea un estilo literario que es la hipérbole, una "exageración": *"Y hay también otras muchas cosas que hizo Jesús, las cuales si se escribieran una por una, pienso que ni aun en el mundo cabrían los libros que se habrían de escribir"* (Jn. 21:25).

La Biblia no contradice a la ciencia y la verdadera ciencia no contradice a la Biblia, pero esta simplemente relata seis mil años de historia, es un pequeño resumen.

Cuando comenzamos a leer la Palabra, vemos que Génesis 1:1 dice: "En el principio". Pero otra forma de interpretar *Bereshit*[1] es "en un principio". La Biblia le va a contar "un principio", pero no todos los principios de lo que Dios hizo. En ningún momento usted encontrará a Dios creando por ejemplo a los ángeles, pero ahí están. Puede ver el jardín del Edén, a Adán, a Eva y a Satanás (el cual ya no es un querubín precioso y maravilloso como lo describen Isaías y Ezequiel, sino que ahora es Satanás). Luego Génesis 1 no está relatando su creación, pero en otro libro sí.

¿Por qué? Por que la Biblia no está en orden cronológico. Y eso es algo que debemos entender. Generalmente, cuando usted compra un libro empieza a leerlo desde el principio, pero la Biblia, repito, no está en orden cronológico.

---

[1] *Bereshit* es la transcripción normalmente admitida –desde el punto de vista exotérico– de la primera palabra del Génesis, el primero de los cinco libros del Pentateuco o *Torah* (Biblia hebraica), o Antiguo Testamento según la versión cristiana. *Bereshit* significa «al principio».
Referencia web: https://filosofia.nueva-acropolis.es/2010/bereshit-al-principio-dios-hizo/

Hay cosas que ocurrieron después de Génesis. Por ejemplo, el libro de Job, su historia es mucho más antigua que la historia de Abraham o de Moisés. Entonces, ¿por qué no pusieron a Job al principio, sino casi por la mitad? Porque eso tiene que ver con la distribución que se les dio a los libros. ¿Por qué? Porque nosotros tenemos el Antiguo Testamento y el Nuevo Testamento.

El Antiguo Testamento, que en el idioma original se llama *Tanaj*, nunca se lo menciona como Antiguo Testamento. *Tanaj* es la combinación de lo que se llama en hebreo la *Torah*, que son los primeros cinco libros que tenemos en la Biblia. Los *Nevi'im*, son todos los profetas del Antiguo Testamento. Y los *Ketuvim*, son los "escritos". Con esas tres palabras se tomó la primera letra y se formó la palabra *Tanaj*, la cual es todo el Antiguo Testamento y es el mismo que tenemos nosotros, exactamente igual.

El Nuevo Testamento en el texto original de Hebreos no aparece, porque es posterior a Cristo, y el Antiguo Testamento es anterior al Señor Jesucristo. Entonces, no es lo mismo interpretar lo que dice la Biblia antes de Cristo, que lo que dice la Biblia después de Cristo. Así que es importante saber situarse.

Otra de las cuestiones que debemos tener en cuenta es que la Biblia no fue escrita solamente en un estilo literario, sino que hay muchos. A continuación, voy a citar algunos ejemplos de figuras literarias, con el fin de que les sea más fácil reconocer los distintos estilos literarios que existen.

V.   EL SÍMIL

Definición: "Comparación, semejanza entre dos cosas"[2]. En esta figura literaria suelen aparecer tres adverbios: "como", "así" y "semejante". Veamos algunos versículos con respecto a esta figura:

> **Génesis 13:16:** "Y haré tu descendencia como el polvo de la tierra; que si alguno puede contar el polvo de la tierra, también tu descendencia será contada".

Si interpretamos este versículo literalmente, ¿quiere decir que los hijos de Abraham serían polvo? Evidentemente no. ¿Por qué dice "haré tu descendencia como el polvo de la tierra"? ¿A qué se refiere? Está haciendo referencia a la cantidad de arena del desierto, ya que nadie es capaz de contarla. Es decir, el Señor recurre a este "símil" para que Abraham pudiera hacerse una idea de la incontable o muy numerosa descendencia que iba a tener. Si este pasaje se llegase a interpretar de otra manera, estaría diciendo una auténtica barbaridad. Por tanto, ¿se da usted cuenta de por qué aparece el adverbio en este pasaje: "Haré tu descendencia como…"?

---

[2] Real Academia Española, (s. m.), definición 2.

Isaías 1:8: "Y queda la hija de Sion como enramada en viña, y como cabaña en melonar, como ciudad asolada".

Está hablando de la hija de Sion. ¿Quién es la hija de Sion? Jerusalén. Entonces sería: "Jerusalén va a quedar como...". En ese momento de la historia, compara a Jerusalén con una serie de elementos. Es decir, hace una comparación de algo conocido para que el autor sepa lo que le iba a ocurrir a esa persona, a esa familia, a ese pueblo, o a ese lugar.

Mateo 13:31: "Otra parábola les refirió, diciendo: El reino de los cielos es semejante al grano de mostaza, que un hombre tomó y sembró en su campo".

La expresión "es semejante" es muy típica de las parábolas. Es decir, sirve para poner un ejemplo: "Es como un grano de mostaza". Pero no se puede interpretar literalmente, porque es simplemente un ejemplo para que uno tenga una idea de a qué se asemeja el Reino de los cielos.

Mateo 23:37: "¡Jerusalén, Jerusalén, que matas a los profetas, y apedreas a los que te son enviados! ¡Cuántas veces quise juntar a tus hijos, como la gallina junta sus polluelos debajo de las alas, y no quisiste!".

Aquí compara a Jerusalén con los hijos de Dios. ¿Con qué los compara? Con la gallina que reúne a sus polluelos. Entonces, lo que el Señor pretende es apuntar a la unidad: "Yo quise reunir a mis hijos como la gallina reúne a sus polluelos, pero ustedes no quisieron". En la Biblia aparece muchísimo la figura literaria del "símil". Las personas que estaban oyendo el mensaje o los futuros oyentes que oirían el mensaje, tenían que comprender a qué se refería. Y cuando se emplea esta figura literaria, es más fácil hacerse una idea de lo que quiso decir el autor, el profeta, el rey, el Señor, etc.

VI.   LA METÁFORA

La "metáfora" es una figura retórica de pensamiento por medio de la cual se expresa una realidad o un concepto diferente con respecto a lo representado. Aunque guardan cierta relación de semejanza.

Es diferente al "símil", ya que no emplea un adverbio de comparación.

Hay un versículo que comprenderán perfectamente y se van a dar cuenta que no aparecen los tres adverbios anteriores, los cuales eran: como, así y semejante.

Vean esta expresión: *"Vosotros sois la luz del mundo"* (Mt. 5:14).

¿Esto lo interpretamos literalmente? ¿Quiere decir que cuando se va la luz, usted llega? ¿Y en cuanto llega usted...? ¿Qué quiso decir el Señor cuando se refiere a nosotros de la siguiente manera: *"Vosotros sois la luz del mundo"*? Quiso decir que íbamos, de alguna manera, a ayudar, a iluminar, o a aclarar las ideas. *"Vosotros sois la sal de la tierra"* (Mt. 5:13). ¿Qué quiso decir el Señor con esto? Porque si dice que soy la sal de la tierra, tengo que saber qué hace la sal. ¿Qué hace la sal? Darles sabor a las cosas. Si usted no le pone sal a la comida, estará insípida. Pero si le echa sal, le dará sabor.

Pues eso es lo que usted hace, pero no es que literalmente seamos un tarrito de sal, ni una linterna ambulante.

Por tanto, la "metáfora" se parece al "símil", pero no emplea adverbios, sino que directamente dice: "Vosotros sois la sal de la tierra, vosotros sois la luz del mundo, etc.".

En estos tres versículos pueden ver el ejemplo de la "metáfora":

- **Santiago 4:14:** *"Cuando no sabéis lo que será mañana. Porque ¿qué es vuestra vida? Ciertamente es neblina que se aparece por un poco de tiempo, y luego se desvanece"*.

- **Cantares 2:14:** *"Paloma mía, que estás en los agujeros de la peña, en lo escondido de escarpados parajes, muéstrame tu rostro, hazme oír tu voz; porque dulce es la voz tuya, y hermoso tu aspecto"*.

- **Proverbios 18:4:** *"Aguas profundas son las*

*palabras de la boca del hombre; y arroyo que
rebosa, la fuente de la sabiduría".*

VII.   EL TIPO

El "tipo" es algo divinamente preparado de antemano
para representar una realidad espiritual futura. Puede ser
una persona, un lugar, un objeto, un oficio, una institución
o un suceso.

Por ejemplo, el sumo sacerdote es un "tipo" de Cristo.
Y yo pregunto: ¿Por qué? ¿Por qué puedo ver en la figura
del sumo sacerdote un "tipo" de lo que Cristo sería cuando
Él viniera? ¿Qué hacía el sumo sacerdote? ¿A quién
representaba? Pues representaba al Señor en la tierra.

Cristo representó a Dios perfectamente. Era el que
intercedía entre el pueblo y Dios. Cristo que es el único
Mediador entre Dios y los hombres. La santidad o la pureza
del sumo sacerdote tenía que ser puesta a prueba. Cristo fue
el varón perfecto, nunca pecó de ninguna manera, ni con el
pensamiento, ni con las acciones, ni con las palabras.

Así que el "tipo" es algo que a usted le enseña a ver,
le enseña a reconocer de antemano la realidad futura.
Entonces, en cierto sentido, como dijo el apóstol Pablo,
todo lo que ocurrió en el Antiguo Testamento era una forma
de preparar mentalmente al pueblo de Israel para que
cuando apareciera el verdadero dijeran: "Este es".

Los animales que se sacrificaban en el Antiguo
Testamento, ¿quitaban los pecados? No. La Biblia dice

categóricamente que la sangre de los animales no puede perdonar pecados (cf. Hebreos 10:4). ¿Entonces para qué los mataban?

Porque era una forma de:
1) Demostrarle al pueblo que sin derramamiento de sangre no hay perdón de pecados.
2) Todos somos pecadores y necesitamos que alguien muera por nosotros. Pero cuando apareció el Señor Jesucristo, Juan el bautista dijo: "Este es el cordero de Dios que quita el pecado del mundo" (Jn. 1:29).

Todo lo que hemos hecho durante siglos y siglos, generaciones y generaciones, nos ha estado preparando y preparando mentalmente, y ha estado apuntando a Cristo. Entonces, como el "tipo" es algo repetitivo, va preparando de antemano a la persona para cuando aparezca el "antitipo" (digamos que el sumo sacerdote es el "tipo" de Cristo, y Cristo es el "antitipo" del "tipo").

Entonces, la liberación del pueblo de Israel de Egipto, ¿qué representa? ¿qué tipifica? Pues nuestra liberación del pecado. Así como el Señor sacó de la esclavitud a un pueblo y lo llevó a la tierra prometida, Cristo a nosotros nos ha sacado del pecado y nos llevará a la presencia del Padre; ni más ni menos.

Así que, en el Antiguo Testamento, todos los "tipos" siempre apuntan a algo en el futuro (el cual se cumplió fundamentalmente en la figura de Cristo).

Por ejemplo, el arca de Noé, ¿es un "tipo" de qué? En el arca la gente estaba encerrada, así que es imposible. El arca se salvó, eso tiene que tipificar algo. ¿Qué tipifica? a Cristo. El que está en Cristo pasará por luchas, pruebas y dificultades, pero no morirá. Noé estaba dentro del arca y no se ahogó, no murió. Luego el arca es un "tipo" de la salvación que encontraríamos en Cristo.

Veamos otro ejemplo, cuando antiguamente usted entraba al Tabernáculo y veía la famosa *Menorá*, es cierto que era algo literal, pero siempre hay que ver más allá de lo que uno ve a simple vista. La *Menorá* era aquel candelabro de grandes dimensiones que iluminaba a la gente que entraba en ese lugar. Pero Jesús dijo: "Yo soy la luz del mundo". Entonces eso era un botón de muestra de lo que el Señor sería el día de mañana.

Cuando alguien entraba al Tabernáculo, a mano derecha se encontraba una mesa llena de panes, que eran los panes que comían los sacerdotes. Jesús dijo: "Yo soy el pan de vida". Entonces, cuando comían ese pan, pues el Señor les estaba preparando psicológicamente para todo lo que vendría en la figura de Cristo.

Así que es muy importante reconocer esos "tipos". Es como, por ejemplo, la "sangre". En el Antiguo Testamento, ¿la sangre de qué "tipo" se trata? De la sangre de Cristo.

Y así hay otros tantos y tantos ejemplos que usted puede continuar investigando.

Veamos otro ejemplo:

- **Romanos 5:14:** *"No obstante, reinó la muerte desde Adán hasta Moisés, aun en los que no pecaron a la manera de la transgresión de Adán, el cual es figura del que había de venir".*

Por eso Pablo fue un experto en darle aplicación a los "tipos" del Antiguo Testamento. Él decía que hubo un primer Adán que llevó a la raza humana a la ruina, y por ese primer Adán, vino la muerte a causa de la desobediencia. Cristo (que sería el segundo Adán), traería la vida, la restauración y el perdón de pecados. Por tanto, se pueden utilizar personas para ver pinceladas de Cristo.

Usted puede verlo por ejemplo en José. ¿Conoce su historia? Era una persona correcta, así como Cristo. Sus hermanos lo vendieron, así como a Cristo: *"A lo suyo vino, y los suyos no le recibieron"* (Jn. 1:11). Lo acusaron injustamente, y si en esta vida han acusado de algo a alguien injustamente ese fue el Señor. José tuvo un tiempo de humillación, pero también un tiempo de esplendor.

El Señor tuvo un tiempo de angustia, pero cuando el Padre levantó a Cristo, dice que: "Le dio un nombre sobre todo nombre, para que en ese nombre se doble toda rodilla" (*cf.* Filipenses 2:9-10).

Entonces, hay personajes del Antiguo Testamento que tipifican a Cristo. También podemos verlo por ejemplo con Isaac, cuando estaba encima de un altar a punto de ser sacrificado. ¿Usted no ve, en cierto sentido, a Cristo? Después, sin embargo, como ningún ser humano podía morir por otro ser humano, Abraham tuvo que tomar un carnero, quitar a su hijo del altar, poner el carnero encima y sacrificarlo en su lugar.

Hay muchísimas cosas del Antiguo Testamento las cuales apuntan hacia el Señor Jesucristo. Por lo tanto, digamos que el "tipo" apunta a una realidad futura y el "antitipo" es la realidad misma.

VIII.   EL APÓSTROFE

El "apóstrofe" es cuando las palabras van dirigidas a una persona ausente o muerta, o a alguna cosa inanimada o abstracta, como si pudiera oírlas.

Por ejemplo, cuando le dicen al rey David que su hijo Absalón ha muerto, dice la Biblia que él comenzó a gritar en el palacio: ¡Absalón! ¡Absalón! ¿Le oía Absalón? No, porque estaba muerto. Pero era un grito de dolor que un padre pronunciaba por su hijo.

Así que, cuando en la Biblia alguien pronuncia una

palabra y hace referencia a una persona que no está presente, o a algo que es inanimado, esa figura literaria se llama "apóstrofe".

Veamos varios versículos:

- **Isaías 1:2:** *"Oíd, cielos, y escucha tú, tierra; porque habla Jehová: Crié hijos, y los engrandecí, y ellos se rebelaron contra mí".* Se trata de una expresión llamada "apóstrofe". Cuando se está dirigiendo a algo inanimado como si le pudiera oír.
- **1ª Corintios 15:55:** *"¿Dónde está, oh muerte, tu aguijón? ¿Dónde, oh sepulcro, tu victoria?".* Le está hablando a la muerte. El sepulcro no puede oír. El autor se dirige a esa persona ausente, muerta o algo inanimado u abstracto. La muerte es algo abstracto, aunque es real ¿verdad?

IX. LA PARÁBOLA

Se trata de una narración breve y simbólica de la que se extrae una enseñanza moral.

Tenga en cuenta que, en las "parábolas", nunca se utilizan nombres propios.

La "parábola" es semejante al "símil" pero de manera más extensa, ya que compone una narración. Digamos que es tomar algo conocido para explicar extensamente algo que se desconoce.

Por ejemplo, en la parábola del hijo pródigo, ¿cómo se llamaba el hijo pródigo? ¿y el padre? ¿y el hermano? Una "parábola" es simplemente un cuento que pudo ser real o no. En las "parábolas" nunca aparecen nombres propios. Por tanto, cuando Jesús explica la historia del rico y Lázaro, no es una "parábola" porque no dice el nombre del rico, pero sí que dice el nombre del pobre (Lázaro). La cual no tiene nada que ver con el otro Lázaro, el hermano de María y Marta. Así que se trata de una historia real, porque, ¿cómo se diferencia una "parábola", que es una historia irreal o una aplicación, de una historia real? Ya que en una aparecen nombres propios y en otra no.

Jesús dijo muchas "parábolas" para que la gente se hiciera una idea de lo que es y lo que no es el Reino de los cielos.

A continuación, quisiera demostrarles cómo se puede crear una falsa doctrina por no respetar el contexto, y las barbaridades que se pueden llegar a decir:

- ▪ **1ª Corintios 14:** Todo este capítulo es un capítulo que habla acerca de cómo se deben utilizar dos dones, aunque realmente menciona tres: El don de hablar en lenguas, el don de interpretación de lenguas y las palabras de profecía. ¿Por qué? Porque en la iglesia de Corinto había un desorden y Pablo llegó a un punto en el que dijo: "Si alguna persona entra de la calle y ve a todos ustedes hablando en alta voz en otras lenguas, ¿no pensará que ustedes están locos? Y el que está sentado ¿como puede decir "amén" si no sabe lo que están diciendo?". Entonces Pablo establece un orden y dice: "Un momento, cuando alguien hable en lenguas, tiene que haber alguien que interprete lo que ha dicho". Y además dice: "Y si no hay intérprete en la iglesia, pues que se calle y hable para sí mismo".

Si no respetamos todo el contexto del capítulo 14 y leemos el versículo 39: *"No impidáis..."*. Si dice "no impidan hablar en lenguas", podemos pensar que puede haber cuarenta personas hablando en lenguas al mismo tiempo. Ya que la Biblia dice literalmente: *"No impidáis el hablar en lenguas"*. Pero leamos el siguiente versículo, el 40: *"Pero hágase todo decentemente y con orden"*. Si yo quito el versículo 40, esto puede convertirse en un caos. ¿Qué es: "decentemente y con orden"? Pues todo lo que dice el capítulo 14.

Muchas veces la gente elige un versículo y dice: "Oye, la Biblia dice esto". Por ejemplo, cuando el marido se enfada con la mujer el típico versículo que le dice es: "La Biblia dice que las mujeres están sujetas a los maridos". Y esto es así, pero ¿por qué no lee el versículo que habla de su responsabilidad como marido? Pues porque es más fácil someterse que amar y es mucho más difícil amar que someterse.

La Biblia dice que el marido tiene que amar a la mujer. Así que cuando usted cumpla con ese versículo, tendrá toda la autoridad del mundo. Y sin necesidad de decirle nada, verá como todo fluye en su relación. Sin embargo, cuando no cumple con lo suyo, tiene que "recurrir a sus derechos" porque no fluye la bendición. Sea consciente de que cuando no fluye la bendición, seguramente es debido a alguna razón.

Vayamos a Hechos 15 y veamos qué podemos aprender de este pasaje:

- **Hechos 15:1** *"Entonces algunos que venían de Judea enseñaban a los hermanos: Si no os circuncidáis conforme al rito de Moisés, no podéis ser salvos"*. Es decir, el problema empezó a causa de esta enseñanza que algunos trajeron de Judea.
- **Hechos 15:2**: *"Como Pablo y Bernabé tuviesen una discusión y contienda no pequeña con ellos…"*. Hay personas con una falta de madurez enorme, y ese es uno de los grandes problemas o plagas de la iglesia del siglo XXI, que cuando ven que hay una discusión se asustan, o se ponen nerviosos. Sin embargo, en la Biblia, discutir e incluso hasta acaloradamente (por supuesto sin llegar a las manos ni nada por el estilo), era y es un sistema muy utilizado hasta el día de hoy. Discutir, decir "yo creo

esto, yo creo lo otro"... tiene sus pros y tiene sus contras. Y aquí, dice que Pablo tuvo una discusión y una contienda no pequeña. Es decir, que aquello se estaba acalorando. "Se dispuso que subiesen Pablo y Bernabé a Jerusalén, y algunos otros, a ver a los apóstoles y a los ancianos, para tratar esta cuestión". Pero, ¿qué cuestión? Pues la que estamos viendo en el versículo 1.

- **Hechos 15:3:** *"Ellos, pues, habiendo sido encaminados por la iglesia, pasaron por Fenicia y Samaria, contando la conversión de los gentiles; y causaban gran gozo a todos los hermanos"*. ¿Qué significa ser encaminados o enviados por la iglesia? Es decir, que para ir a esa reunión la cual se iba a celebrar en Jerusalén, Pablo y Bernabé no podían decir: "¿Vamos, sí o no? No podían hacer eso. Entonces, si Pablo y Bernabé (que eran dos hombres de Dios), tenían que ser enviados por la iglesia, quiere decir que aquí nadie va por libre. Si Pablo y Bernabé (que ya eran apóstoles), tenían que ser encaminados por la iglesia, pues aquí hay una enseñanza muy importante para nosotros. Porque no es lo mismo "ir por libre", a que me envíe la iglesia.

¿Quiénes son los gentiles? Los que no son judíos. Luego, los judíos no son gentiles y los gentiles no son judíos. Gentil es una cosa y judío es otra.

Un judío que se convierte ¿deja de ser judío? Si yo soy judío y me convierto, sigo siendo judío. Es como decir: "Un español que se convierte". Pero, ¿esto es cuestión de nacionalidades? Para ser cristiano no hace falta cambiar de nacionalidad. Por ejemplo, un judío no tiene que dejar de ser judío para ser cristiano. El judaísmo es, por así decirlo, una etnia, una raza, una nacionalidad. Pero "gentil" no es un país, "gentil" quiere decir que no es.

Para diferenciar al judío del no judío, se le llama "gentil". Entonces, ¿quiénes van contando por el camino la conversión de los gentiles? En el versículo 3 dice que "al final, causan gozo a todos los hermanos". Llegaron a Jerusalén, y fueron recibidos por la iglesia, los apóstoles y los ancianos.

Aquí hay varios grupos:
1) La iglesia.
2) Los apóstoles.
3) Los ancianos.

¿Quiénes son los ancianos? ¿Hay una edad establecida para ser anciano? ¿Una persona puede tener el cargo de anciano con 50 años o debe tener 65? Y, ¿qué diferencia hay entre los apóstoles y los ancianos? Porque aquí menciona a ambos. ¿Cuál es la diferencia? ¿Quién es más importante: un apóstol o un anciano?

1) "Llegan a Jerusalén y los recibe toda la iglesia". ¿Quiénes son la iglesia? Todos los

hermanos, todos los creyentes.

También es necesario definir el papel de los apóstoles y el papel de los ancianos:

> 2) La función de apóstol entra dentro de lo que se llaman "los cinco ministerios". Si usted quiere entender más sobre esto, tiene que leer Efesios 4 donde habla acerca de esos cinco ministerios. Es muy fácil de aprender, ya que todos tenemos cinco dedos en la mano.

Cinco ministerios para perfeccionar a los santos para la obra del ministerio: Apóstol, profeta, evangelista, pastor y maestro (*cf.* Ef. 4:11). Todos son importantes. Es como cuando usted va al médico, si se quiere sacar una muela, ¿a dónde va? Al dentista. Pero si tiene problemas de corazón va al cardiólogo. Así que se trata de "especialistas".

El evangelista es el que se proyecta, el que fundamentalmente gana almas nuevas para Cristo. La diferencia es que el apóstol hace de todo un poco, porque es como el dedo pulgar: es el único dedo que puede tocar los demás fácilmente. Entonces, el apóstol es el que estableció la iglesia. No había y él la fundó, él la pastoreó o la enseñó. Es una especie de "hombre orquesta". Hace de todo, pero no es específicamente una sola cosa, sino que es un poco pastor, pero también es un poco maestro, y un poco evangelista. Es "un poco de todo".

Sin embargo, hay personas que son maestros de la Palabra y yo personalmente no los pondría en la calle a evangelizar porque no sabrían cómo hacerlo. Lo mismo sucede con un evangelista que solamente predica el Evangelio a personas nuevas en la calle, no podría dar un estudio bíblico ya que no tiene las herramientas necesarias para hacerlo.

Entonces, los apóstoles son los que el Señor llamó y capacitó para que hicieran "de todo un poco".

3) Los ancianos (en aquellos tiempos y hoy en día), son personas que pueden llegar a atender al cien por cien a una iglesia. Lo hacen sin ningún problema. De hecho, hay muchas iglesias que no tienen pastor, pero sí tienen ancianos. El anciano está para ayudar y para colaborar con el pastor. Se trata de otro sistema de gobierno.

Hay un sistema de gobierno que se llama congregacional. El sistema congregacional describe una forma de gobierno que se basa en la congregación local. Cada congregación local es independiente y autosuficiente, y está gobernada por sus propios miembros. Algunos se unen para formar asociaciones voluntarias con otras congregaciones que comparten creencias similares.

Este es el típico sistema de gobierno de muchas iglesias, donde el pastor es un señor que la iglesia ha llamado y le ha dicho: "Mire, nosotros queremos que usted se encargue de los cultos, de predicar, etc.".

Luego hay otro sistema que es el sistema piramidal. ¿Qué es? La misma palabra lo dice: una persona que es como una especie de "papa" donde nadie tiene derecho a decir nada. Generalmente este es el sistema que funciona fundamentalmente dentro del ámbito católico. Donde hay una jerarquía muy bien establecida: el papa, cardenales, obispos, etc. El pueblo asiste y tiene que asumir lo que dicen sus autoridades espirituales, ni más ni menos.

No es cuestión de comparar "este es mejor o este es peor", porque depende del lugar en el que se haya criado. Todos tienen sus pros y todos tienen sus contras.

Pero en este caso, vemos que ellos fueron a la iglesia, a los apóstoles y a los ancianos. Por tanto, tenían este sistema en la congregación. Estaban todos los apóstoles, aún no había muerto ninguno: Pedro, Juan, Jacobo, Tomás, Bartolomé... estaban todos. Pero, a parte de eso, había ancianos, que son personas de peso.

Ancianos siempre ha habido. Pero el Señor escogió a discípulos. "Discípulos" viene de la palabra "disciplina". Les disciplinó, les enseñó muchas cosas y luego fueron apóstoles. En realidad, la palabra "apóstol" significa "enviado o alguien que es enviado". Pero ¿con qué autoridad? Todo el mundo es apóstol hoy en día. Lamentablemente esto se ha puesto muy "de moda" en el mundo entero. De hecho, hay muchísima gente que dice: "No, ya no me llames pastor, ahora soy apóstol". Y sigue siendo la misma persona, pero es como si tuviera un cargo "superior".

Entonces, ellos fueron a estos tres grupos. A continuación, leamos el versículo 5: *"Pero algunos de la secta de los fariseos, que habían creído, se levantaron diciendo: Es necesario circuncidarlos, y mandarles que guarden la ley de Moisés"*.

La palabra "secta" en aquellos tiempos no tenía la misma connotación negativa que tiene hoy en día. Se trataba de un grupo. Actualmente, una "secta" es un grupo de personas peligroso o dañino. Pero, en aquellos tiempos era simplemente un grupo. Podía ser una secta deportiva, una secta política, una secta religiosa, etc.

Recuerden que en la Biblia siempre hay algo muy importante, el orden. Primero menciona a los apóstoles y luego a los ancianos. Es como, por ejemplo, cuando comienza su primer viaje misionero. Primero dice que iban Bernabé y Pablo, y ya después dice: Pablo y Bernabé.

El que lleva la voz cantante o el que tiene la autoridad, siempre se menciona primero y a continuación, los demás.

Lo que se le estaba diciendo a los gentiles fue lo siguiente: En un principio, los que se convertían eran judíos. Pero Pablo se fue a otras naciones de la tierra y Pedro se fue a la casa de Cornelio, y cada día se iban convirtiendo más gentiles. Eran personas que no tenían sus mismas costumbres, que no habían practicado la *Torá*; y que no sabían nada de la ley. Y dijeron: "Ahora que somos muchos, vamos a establecer unas normas de convivencia que todos debemos respetar, y esas normas se enviarán por carta a todas las iglesias. Y tú, Pablo, como viajas tanto, serás quien lleve esas normas". Eso es lo que se estableció.

La pregunta es: ¿Las normas que se establecieron en el Primer Concilio de la Iglesia (que fue el Concilio de Jerusalén), continúan en vigor hoy en día? ¿O esas normas fueron única y exclusivamente para aquellos creyentes del siglo primero? Recuerden que esto es el Nuevo Testamento. Aquí está Pedro, Santiago, y Bernabé. Aquí no está Abraham, Jacob, o Moisés.

Cuidado, esto es el Nuevo Testamento, estos son los apóstoles de la Iglesia a la cual usted y yo pertenecemos, porque todos pertenecemos a una única Iglesia que pertenece a Cristo. Así que la pregunta es: ¿Estas normas eran solo para aquel tiempo? ¿o lo son también para nosotros hoy en día? Si no son para el pueblo de Dios hoy en día, entonces ¿para qué se escribió esto? Y si son para nosotros, la pregunta es: ¿las estamos cumpliendo o no?

Hoy en día algunas no se puedan aplicar, porque eso de "absteneos de la sangre de los ídolos" no se practica. Pero hay otras cosas que sí se practican.

Así que mi pregunta es: ¿es aplicable hoy en día o no? ¿En nuestra cultura o en nuestro contexto hoy en día, se come sangre?

El capítulo que voy a mencionar a continuación, para mí es muy importante porque aquí se asentó la base para lo que sería la cristiandad siglos más tarde. Y lo que allí se discutía en un principio era si se circuncidaba o no a la gente.

Pablo escribió una carta y dijo: "Miren, ni la circuncisión vale o no vale. Sino que aquí lo que vale es la nueva creación y la nueva criatura en Cristo Jesús" (*cf.* Gal. 5:6).

Pero esto es mucho más, esto es lo que se acordó, y por eso yo creo que sería bueno que no solamente leyéramos la Biblia y un libro de Hermenéutica como este, sino que, en un momento determinado, usted y yo nos detengamos y digamos: "Ya tengo cierta edad, he estado practicando, aceptando, creyendo o apoyando una serie de cosas durante años. Y yo ahora, a la luz de la Palabra, no puedo seguir en ese juego en el que, sin querer o por ignorancia, estuve durante algún tiempo".

Segundo capítulo: La Biblia se interpreta a sí misma

I. EL ANTROPOMORFISMO

Viene de "*antropo*", que significa "hombre", y de "*morfe*" que significa "forma". El "antropomorfismo" es una figura literaria que consiste en atribuirle o asignarle características humanas a Dios, propias del hombre.

A continuación, voy a citar una serie de versículos a modo de ejemplo:

- **Éxodo 8:19:** *"Entonces los hechiceros dijeron a Faraón: Dedo de Dios es éste. Mas el corazón de Faraón se endureció, y no los escuchó, como Jehová lo había dicho"*. Habla del dedo de Dios, el cual hace referencia a su obra, a lo que Él hace. Porque Dios es Espíritu, no tiene forma, si la tuviera, ya no sería infinito y sería un ser limitado. Si tuviera cuerpo, tendría un diseño, y sabríamos qué forma tiene. Sin embargo, no se puede hacer una imagen o figura de Dios, porque, dicho sea de paso, la Biblia afirma categóricamente que nadie ha visto jamás a Dios. Por lo tanto, Dios es Espíritu y no tiene limitaciones, pero no se va dividiendo en "pequeños dioses", sino que es solamente uno.

- **Salmo 32:8** habla de los ojos del Señor: *"Te haré entender, y te enseñaré el camino en que debes andar; sobre ti fijaré mis ojos"*. Al hablar de sus ojos, se sobre entiende que habla de una característica no física: que Dios lo ve todo. Hace referencia al pasado, presente y futuro al mismo tiempo. Pues no hay nada que se esconda de Él. Y eso es a lo que hacen referencia sus ojos.

- **Éxodo 33:11** habla de la cara de Dios: *"Y hablaba Jehová a Moisés cara a cara, como habla cualquiera a su compañero. Y él volvía al campamento; pero el joven Josué hijo de Nun, su servidor, nunca se apartaba de en medio del tabernáculo"*. Nos habla acerca de la manera en cómo Dios se manifiesta, de la gloria del Señor.

- **Génesis 18:21** es donde aparece la siguiente expresión: *"Descenderé ahora, y veré si han consumado su obra según el clamor que ha venido hasta mí; y si no, lo sabré"*. Es evidente que Dios no asciende ni desciende, porque si descendiera, quiere decir que ya no se encuentra arriba; y si está arriba quiere decir que no se encuentra abajo. Si está de pie significa que no puede estar sentado, y si está sentado, que no puede estar de pie. Es decir, se trata de un antropomorfismo. Son simplemente expresiones humanas utilizadas para describir aspectos de Dios. Entonces, si este pasaje dice: "Descenderé ahora y veré". ¿Quiere decir que si no desciende no ve, o que desde el Cielo no ve? Lo que en realidad está diciendo es: "Me aproximaré", "me acercaré".

- **Salmo 18:11:** *"Puso tinieblas por su escondedero, por cortina suya alrededor de sí; oscuridad de aguas, nubes de los cielos".* Este pasaje menciona una especie de cortinas que ocultan a Dios. Pero, ¿qué cortina va a ocultar a Dios? Cuando David intentó construirle un templo, el Señor le dijo: "¿Qué templo me vas a construir a mí, si el cielo es mi trono y la tierra es el estrado de mis pies? ¿Dónde me vas a meter a mí?". Dios no tiene medidas, Dios es un ser eterno. No salió de otro Dios, ni alguien lo creó. Él está en todas partes al mismo tiempo.

Hay tres atributos intrínsecamente de Dios:
1. Es omnipotente: todo lo puede.
2. Es omnisciente: todo lo sabe, todo lo conoce.
3. Es omnipresente: está en todas partes. No en todas las cosas, porque eso sería panteísmo. Si Dios estuviera en todas las cosas, podríamos adorar el púlpito, el árbol, la luna, etc., pero no es así. Que Dios llene con su presencia toda la tierra, no significa que tengamos que adorar

los elementos creados refiriéndoles atribuciones divinas.

II. LA FÁBULA

Definición[3]: "Breve relato ficticio, en prosa o verso, con intención didáctica o crítica frecuentemente manifestada en una moraleja final, y en el que pueden intervenir personas, animales y otros seres animados o inanimados".

La única "fábula" que aparece en la Biblia está en Jueces 9:7-20:

> Cuando se lo dijeron a Jotam, fue y se puso en la cumbre del monte de Gerizim, y alzando su voz clamó y les dijo: Oídme, varones de Siquem, y así os oiga Dios. Fueron una vez los árboles a elegir rey sobre sí, y dijeron al olivo: Reina sobre nosotros. Mas el olivo respondió: ¿He de dejar mi aceite, con el cual en mí se honra a Dios y a los hombres, para ir a ser grande sobre los árboles? Y dijeron los árboles a la higuera: Anda tú, reina sobre nosotros. Y respondió la higuera: ¿He de dejar mi dulzura y mi buen fruto, para ir a ser grande sobre los árboles? Dijeron luego los árboles a la vid: Pues ven tú, reina sobre nosotros. Y la vid les respondió: ¿He de dejar mi mosto, que alegra a Dios y a los hombres, para ir a ser grande sobre los árboles? Dijeron entonces

---

[3] Real Academia Española, (s. f.), definición 1.

todos los árboles a la zarza: Anda tú, reina sobre nosotros. Y la zarza respondió a los árboles: Si en verdad me elegís por rey sobre vosotros, venid, abrigaos bajo de mi sombra; y si no, salga fuego de la zarza y devore a los cedros del Líbano. Ahora, pues, si con verdad y con integridad habéis procedido en hacer rey a Abimelec, y si habéis actuado bien con Jerobaal y con su casa, y si le habéis pagado conforme a la obra de sus manos (porque mi padre peleó por vosotros, y expuso su vida al peligro para libraros de mano de Madián, y vosotros os habéis levantado hoy contra la casa de mi padre, y habéis matado a sus hijos, setenta varones sobre una misma piedra; y habéis puesto por rey sobre los de Siquem a Abimelec hijo de su criada, por cuanto es vuestro hermano); si con verdad y con integridad habéis procedido hoy con Jerobaal y con su casa, que gocéis de Abimelec, y él goce de vosotros. Y si no, fuego salga de Abimelec, que consuma a los de Siquem y a la casa de Milo, y fuego salga de los de Siquem y de la casa de Milo, que consuma a Abimelec.

Una "fábula" consiste en atribuirle a los animales o a cosas inanimadas características humanas. Como hemos podido ver en el pasaje anterior, se refiere a hechos como por ejemplo la conversación entre tres árboles. Sobra decir que los árboles no hablan, pero sin embargo en esa "fábula" se ve como hablan entre sí y es muy interesante lo que allí estaban comentando.

III. LA PROSOPOPEYA O PERSONIFICACIÓN

- **Salmos 114:5-8:** *¿Qué tuviste, oh mar, que huiste? ¿Y tú, oh Jordán, que te volviste atrás? Oh montes, ¿por qué saltasteis como carneros, y vosotros, collados, como corderitos? A la presencia de Jehová tiembla la tierra, a la presencia del Dios de Jacob, el cual cambió la peña en estanque de aguas, y en fuente de aguas la roca.*

- **Proverbios 1:20-23:** *La sabiduría clama en las calles, alza su voz en las plazas; clama en los principales lugares de reunión; en las entradas de las puertas de la ciudad dice sus razones. ¿Hasta cuándo, oh simples, amaréis la simpleza, y los burladores desearán el burlar, y los insensatos aborrecerán la ciencia? Volveos a mi reprensión; he aquí yo derramaré mi espíritu sobre vosotros, y os haré saber mis palabras.*

La "prosopopeya" y la "fábula" son similares, pero poseen la diferencia de que en la "prosopopeya" se les atribuyen características humanas a los animales, las plantas o a cosas inanimadas. Pero la "fábula" es una narración, es algo que se comporta como una persona, pero es como un relato (Ej.: dibujos animados, un cuento). La "prosopopeya" no es un cuento, sino que simplemente hace una comparación. Por ejemplo, cuando le dicen a Jesús: "El rey Herodes quiere conocerte, quiere hablarte". ¿Qué dijo Jesús? "Id y decidle a esa zorra...". Le llamó "zorra" a Herodes, pero no relata ninguna explicación de por qué considera que Herodes es una "zorra". Eso es una "prosopopeya", cuando se compara a un animal con una persona o se le atribuye características de una persona a un animal. Pero no es un cuento ni una narración extensa o larga, como sí lo es la "fábula".

Cuatro números:
⇨ 10 = Varios —> Génesis 31:7, Daniel 1:20.
⇨ 40 = Muchos —> 2 Reyes 8:9, Ezequiel 29:11-13.
⇨ 7 y 70 = Completo o perfecto —> Salmo 119:164, Levítico 26:24.

A veces, en la Biblia, la palabra "varios" es sustituida por el número "diez", o el número "diez" hace la función de la palabra "varios". En la Biblia, los números son muy importantes porque nos "hablan".

El concepto de "siete" significa que no le falta nada, que está completo. Se trata un número muy importante, porque ya en la creación comenzó hablándonos de siete días.

Existe una palabra en hebreo llamada *"Bereshit"*, la cual se ha traducido al castellano por la expresión "en el principio", y tiene seis letras.

Dios creó todo lo que existe en seis días y al séptimo reposó. Entonces, contando las primeras letras de la primera palabra de la Biblia, usted puede deducir que a continuación Dios le va a relatar seis cosas que Él comenzará a crear o a ordenar; y que al séptimo día descansará. Asimismo, es una forma de adelantarte acerca de los seis milenios donde Dios tratará con el hombre de maneras diferentes. Y que en el séptimo milenio descansará y pondrá su reinado en la tierra. Esto no es una invención humana, sino que la misma Biblia lo dice: "Para el Señor un día es como mil años, y mil años son como un día" (*cf.* 2 Pe. 3:8).

Por lo tanto, la Biblia comienza relatando seis días de creación y uno de descanso. Y el resto de la Biblia son los seis mil años del trato de Dios con el hombre. En el séptimo día o en el ultimo milenio, es cuando Él establecerá su reinado milenial en la tierra: el Milenio. Cuando Jesucristo venga y establezca su Reino desde la ciudad de Jerusalén, será cuando se cumpla lo de que "el lobo morará con el cordero" (*cf.* Is. 11:6), etc. Así que, el principio de la Biblia ya nos relata lo que sucederá en el futuro. Porque para conocer el futuro, uno tiene que conocer el pasado, porque conociendo el pasado, sabrá lo que ocurrirá en el futuro.

El siguiente versículo es muy importante, pues nos da la clave sobre lo que acabo de explicar:

> **Eclesiastés 1:9:** *"¿Qué es lo que fue? Lo mismo que será. ¿Qué es lo que ha sido hecho? Lo mismo que se hará; y nada hay nuevo debajo del sol".*

Si lo que será es lo que fue, es necesario saber lo que sucedió para conocer lo que va a ocurrir en el futuro. Por ejemplo, si se fijan, las famosas plagas de Egipto son muy parecidas a las plagas que se manifestarán en la tierra durante la época de la segunda parte de la Gran Tribulación. Entonces, si uno quisiera saber cómo van a ser esas plagas durante ese periodo, tiene que informarse de cómo fueron las plagas en Egipto. Ya que es una especie de "botón de muestra" de lo que a mayor escala sucederá en el futuro. Antes de hacer algo grande, Dios siempre lo hace en pequeño. Viendo algo pequeño que Dios ha hecho, uno puede ver lo grande que Dios hará. Así que este es un versículo importantísimo para entender el futuro que falta por cumplir.

La Biblia comienza relatando el Génesis, cosas que luego cuando se cierra la historia de la Biblia con el Apocalipsis, vuelven a ocurrir otra vez. El árbol que no se vuelve a ver en toda la historia de la humanidad, el famoso árbol de la vida, vuelve otra vez a aparecer al final de los tiempos en el libro de Apocalipsis (*cf.* Ap. 22:2). La comunión perfecta, la armonía en el jardín del Edén que se perdió y no se volvió a recuperar en toda la historia de la humanidad, se volverá a recuperar otra vez al final de los tiempos.

El primer hombre era un ser eterno que se convirtió en un ser mortal como consecuencia del pecado. Y esa eternidad, la volverá a recuperar cuando esté en la presencia del Señor, pues el hombre vivirá por largos días. Porque "el que cree en mí, dice el Señor, tiene vida eterna" (*cf.* Jn. 3:36). No solamente vida, sino vida eterna. Así que esto es una cosa muy importante para tener en cuenta.

Voy a citar algunas palabras para que cuando las encuentren en la Biblia, sepan a qué se refieren:

⇨ La abeja. Es un símbolo, pues representa a los reyes de Siria. Así que cuando lean versículos donde se hable de la abeja, indirectamente les está hablando de los reyes de Siria: *"Y acontecerá que aquel día silbará Jehová a la mosca que está en el fin de los ríos de Egipto, y a la abeja que está en la tierra de Asiria"* (Is. 7:18).

⇨ El arpa. Se trata de un símbolo de gozo y alabanza. El arpa nunca se utiliza para ir a la guerra, pues el arpa se utilizaba para alabar a Dios y para manifestar la alegría interna. Por ese motivo, cuando lean el libro de Apocalipsis sobre los muchos hijos de Dios tocando arpas, sepan que representa un símbolo de alegría y de alabanza.

⇨ El brazo. Es un símbolo de fuerza y de poder. *"Para que se cumpliese la palabra del profeta Isaías, que dijo: Señor, ¿quién ha creído a nuestro anuncio? ¿Y a quién se ha revelado el brazo del Señor?"* (Jn. 12:38). ¿Qué figura literaria es esta? Se trata de un antropomorfismo, pues en vez de utilizar la palabra "fuerza" o "poder", emplea la palabra "brazo".

⇨ El cedro. El árbol del cedro. En la Biblia es un símbolo de perpetuidad y de fuerza: *"Se llenan de savia los árboles de Jehová, los cedros del Líbano que él plantó"* (Sal. 104:16).

⇨ La bestia. Es sinónimo de tiranía y de un poder destructivo (Dn. 7:23-28).

⇨ El macho cabrío. Se trata del animal que aparece en el libro de Daniel y representa a Alejandro Magno, el rey de Grecia (Dn. 8).

⇨ Levantar la mano derecha. Daniel 12:7: *"Y oí al varón vestido de lino, que estaba sobre las aguas del río, el cual alzó su diestra..."*; y Génesis 14:22: *"Y respondió Abram al rey de Sodoma: He alzado mi mano a Jehová Dios Altísimo, creador de los cielos y de la tierra"*. En el Antiguo Testamento, levantar la mano derecha era señal de que se iba a hacer un juramento. Pero

60

también dice la Biblia que cuando Pablo levantó la mano, era que pedía silencio.

En el libro de Daniel capítulo 2 y 7, hay unos sueños muy interesantes. Pues si uno conoce lo que significan, al interpretar esos animales en el libro del Apocalipsis, uno se da cuenta de que significan lo mismo. Por ejemplo, en el capítulo 7 del libro de Daniel, vemos cuatro animales: un león con alas, un oso, un leopardo con cuatro cabezas, y la bestia con diez cuernos y una cabeza.

En el capítulo 2 de Daniel, el rey Nabucodonosor tiene un sueño, el cual nadie era capaz de interpretar. Lo que Nabucodonosor vio fue una imagen cuya cabeza era de oro, el pecho y los brazos de plata, el vientre y los muslos de bronce; y las piernas de hierro mezclado con barro. Y en el capítulo 7, Daniel tiene un sueño donde ve distintos animales. Entonces, interpretarlos es muy fácil, solo que uno tiene que aprendérselos. Tanto "el león con alas" como "la cabeza de oro", representan al imperio de Babilonia. "El oso y la plata" representan a los medos-persas. "El leopardo de cuatro cabezas" y "el bronce" representan a Grecia. Y "la bestia de los diez cuernos y una cabeza" representadas por "el hierro y el barro", representa al último imperio (algunos dicen que es Roma, pero al mismo tiempo es el imperio del Anticristo).

Así que, si uno lee acerca de un "leopardo" en otros pasajes de la Biblia, pues ya sabe que "el leopardo con cuatro cabezas" representa al imperio de los griegos. No es que en otro libro represente al imperio de Egipto. No, es lo mismo. Los colores son siempre los mismos, los números son siempre los mismos; y los animales son siempre los mismos.

La interpretación que se le da a los sueños en la Biblia es la aplicación que tienen los sueños que son de Dios. Entonces, es muy importante saber lo que Dios ha hecho, cómo se ha interpretado la Escritura a lo largo de los tiempos para que uno después no la interprete a su manera. Para eso está la Hermenéutica, pues nos enseña a respetar las normas y las reglas que hay que cumplir.

IV. LISTA CON 14 REGLAS ELEMENTALES

A continuación, pueden ver una lista con 14 reglas elementales para interpretar correctamente las Sagradas Escrituras:

1. Busque el significado único del texto (la palabra o palabras claves).
2. Lea el contexto (capítulo(s) anterior y posterior).
3. Analice el tiempo en el se emplearon los verbos (pasado, presente o futuro).
4. Busque el pensamiento completo (Ej.: 1 Cor. 13).
5. ¿A quién se lo dijo?
6. ¿Cuándo se lo dijo?
7. ¿Dónde o a dónde se dirige(n)?
8. ¿Por qué?
9. Busque el propósito.
10. Analice la ocasión.
11. Busque el tema.
12. Investigue el escenario.
13. Analice la estructura del libro.
14. Busque enseñanzas o textos paralelos.
15. ¿Cuál es su posición en el plan global de Dios?
    a. Inocencia.
    b. Conciencia.

    c. Gobierno humano.

    d. Promesa.

    e. Ley.

    f. Gracia.

    g. Reinado de Cristo.

16. ¿Cuál es el trasfondo histórico?

    a. Geografía.

    b. Historia.

    c. Cultura o costumbres.

17. ¿A qué género literario corresponde? (Ej.: poesía, parábola, promesa, etc.).

18. ¿Cuál es la intención original del autor? (Ej.: ¿Qué quería Ezequiel?). Muy importante: la intención del autor, no la mía.

19. ¿Qué número: singular o plural?

20. ¿Individual o colectivo: para una o varias personas?

21. Preguntas clave:

    a. ¿Es un pecado?

    b. ¿Es un ejemplo para seguir o no?

    c. ¿Es una orden?

    d. ¿Es una oración?

    e. ¿Es una verdad para creer?

    f. ¿Es un consejo?

Vayamos al libro de Apocalipsis 13:2-3, fundamentalmente el versículo 2: *"Y la bestia que vi era semejante a un leopardo, y sus pies como de oso, y su boca como boca de león. Y el dragón le dio su poder y su trono, y grande autoridad. Vi una de sus cabezas como herida de muerte, pero su herida mortal fue sanada; y se maravilló toda la tierra en pos de la bestia".*

¿Qué es lo que está haciendo Juan? Como buen conocedor de la Escritura y como judío, utiliza a estos animales (los cuales uno no puede interpretar a su manera, sino que ya han sido interpretados en la Biblia, pues ya se ha dicho a qué imperio representan). Así que utiliza a estos animales para describir la personalidad, la naturaleza, el carácter, la forma de proceder o de actuar de este personaje (uno de los nombres que recibe en la Biblia es "bestia" y otro es "anticristo"). Pablo lo llama "el hombre de pecado" o "hijo de perdición".

Por tanto, si sustituimos los nombres de los animales del versículo 2, por lo que representa, se lee de la siguiente manera: "La bestia que vi o la persona que vi, era semejante a un <u>griego</u>, y sus pies como <u>un medo-persa</u>. Pero cuando hablaba, lo hacía como un <u>babilónico</u>".

¿Pero qué ocurre? Que ahora uno puede decir: ¿Y cómo eran los griegos, o cómo eran los medos-persas?

Pues ahora uno tiene que estudiarlo, no le queda más remedio que informarse acerca de la historia de los griegos. ¿A qué le daban importancia los griegos? Lo primero, al culto al cuerpo, pues fueron los inventores de las olimpiadas. Se caracterizaban por el culto al cuerpo, y la preocupación por su imagen exterior. Por lo tanto, el anticristo será una persona que tendrá un porte o una presencia física formidable.

¿A qué más le daban importancia? A la filosofía, la ciencia, al conocer, a la retórica, etc. Por lo que tendrá una cultura general impresionante.

De esta manera, uno se va dando cuenta de que lo que la Biblia va describiendo a través de estos animales es la naturaleza o la forma de ser de esa persona.

Alguien que no tiene conciencia de esto, puede leerlo y decir: "Si la bestia que vi era semejante a un leopardo, entonces, me parece que el leopardo.... será un hombre que tendrá manchas en el cuerpo". Y si uno le pregunta: "Pero mire, ¿y usted cómo interpretó eso hermano?". Su respuesta podría ser: "Pues porque la Biblia dice que será un leopardo".

No dice que será un leopardo, sino que será "como" un leopardo. Pero ¿quién es el leopardo en la Biblia? Representa a un imperio, una forma de ser, una filosofía.

Por lo que de esta manera uno ya sabe que, a través de los animales, el Señor le está dando un mensaje impresionante.

Para eso sirve la Hermenéutica, para no interpretar la Biblia a su manera y hacer una interpretación terrible.

Por ejemplo, el versículo termina diciendo "que el dragón le dio tres cosas": Le dio poder, un trono y grande autoridad. Y la pregunta es ¿y el dragón quién es? La Biblia se interpreta a sí misma. ¿Donde menciona la Biblia la explicación del dragón? En Apocalipsis 12:9: *"Y fue lanzado fuera el gran dragón, la serpiente antigua, que se llama diablo y Satanás, el cual engaña al mundo entero; fue arrojado a la tierra, y sus ángeles fueron arrojados con él".*

Ahí dice quién es el dragón, el cual además se llama "serpiente antigua". "Diablo" significa "calumniador", y Satanás es quien engaña al mundo entero.

Así que no hay necesidad de inventarse que el dragón "a mí me parece que es...". Uno no tiene que complicarse la vida, lo que tiene que hacer es buscar un texto que le aclare el pasaje que no entiende.

Satanás es el que está apoyando, diríamos ungiendo, capacitando, respaldando, el gobierno mundial del famoso anticristo. Entonces, a través de animales, el Señor está trayendo un mensaje.

Ya sabemos quién es el león, el oso, el leopardo, y el dragón. Luego, si se da cuenta, ahora todo tiene sentido. ¿Cuántos cristianos han dejado de leer el libro del Apocalipsis perdiéndose un montón de bendiciones porque dicen que no lo entienden?

Cuando usted abra la Biblia a partir de ahora, seguramente va a poder entender un sinfín de cosas que hasta el día de hoy estuvieron como "vedadas", ya que es probable que anteriormente no tuviera los elementos necesarios para interpretar ciertas y determinadas cosas.

Tercer capítulo: Claves para diferenciar el lenguaje literal del lenguaje simbólico

I.   LA SINÉCDOQUE

Definición[4]: "Designación de una cosa con el nombre de otra, de manera similar a la metonimia, aplicando a un todo el nombre de una de sus partes; o viceversa, a un género el de una especie; o, al contrario, a una cosa el de la materia de que está formada, etc.".

Mateo 6:11: *"El pan nuestro de cada día, dánoslo hoy"*.

En este pasaje se habla de una parte como del todo. El pan representa todos los alimentos, todas las necesidades del hombre que necesitan ser cubiertas por el Señor. El pan nuestro de cada día.

¿Esto quiere decir que Dios solamente nos va a proveer de pan a lo largo de toda nuestra existencia? El pan es mucho más que simplemente un trocito de pan. Dios nos va a dar mucho más que pan. Pero en este caso se menciona el pan como un símbolo, una forma de decir que Él suplirá todas nuestras necesidades.

---

[4] Real Academia Española (s. f.).

Génesis 6:17: *"Y he aquí que yo traigo un diluvio de aguas sobre la tierra, para destruir toda carne en que haya espíritu de vida debajo del cielo; todo lo que hay en la tierra morirá".*

En este caso se sustituye la palabra "persona" por la palabra "carne". "Toda carne morirá", quiere decir que todo ser humano morirá. Es sustituir una palabra por otra. Eso es la "sinécdoque". Hay otro versículo que sustituye "alma" por "persona". Por ejemplo, ¿cuántas veces decimos, "no había ni un alma"? ¿A qué nos estamos refiriendo? A que no había nadie.

Hay un versículo en Números 29:7 donde pueden encontrar la palabra "alma" en lugar de la palabra "persona": *"En el diez de este mes séptimo tendréis santa convocación, y afligiréis vuestras almas; ninguna obra haréis".* Tengan en cuenta que, en la Biblia, a veces la palabra "alma" se sustituye por la palabra "persona".

Además, también hay una sinécdoque que sustituye el singular por el plural, o el plural por el singular. Veamos algunos versículos:

Génesis 2:18: *"Y dijo Jehová Dios: No es bueno que el hombre esté solo; le haré ayuda idónea para él".*

Evidentemente, ahí Dios está hablando en singular

porque no había ningún otro ser humano. "No es bueno que el hombre esté solo". ¿Significa que esa palabra fue dirigida o mencionada por Dios solamente refiriéndose a Adán? ¿No se podría también leer como: "No es bueno que los hombres estén solos"? Por supuesto que sí, lo que pasa es que en ese momento Adán representa a toda la raza humana que no existe, que no está en ese momento, pero se sobreentiende que también abarca el término en plural.

Proverbios 28:22: *"Se apresura a ser rico el avaro, y no sabe que le ha de venir pobreza".*

Si se dan cuenta que en esos versículos muchas veces se habla en forma singular, pero realmente quiere abarcar mucho más de lo que está diciendo.

Muchas veces van a ver en la Biblia que se redondean cifras. Por ejemplo, cuando llegó el día de Pentecostés, dice que se convirtieron como tres mil personas: *"Así que, los que recibieron su palabra fueron bautizados; y se añadieron aquel día como tres mil personas"* (Hch. 2:41).

Se redondea, por lo que pudieron ser 2728, 2932... pero dice "como tres mil personas".

Además, como dije anteriormente, van a ver que, según una de las reglas de la Hermenéutica, cuando hay dos versículos que dicen una cosa diferente sobre la misma historia o sobre el mismo tema, aparentemente puede provocar una posible contradicción. Lo mejor es encontrar un tercer texto que nos aclare lo que dice A y B.

Si no lo encuentran y no hay un tercer versículo que les aclare lo que dice el versículo A y el versículo B, pues quiere decir que lo que está diciendo tanto un versículo como el otro, es simplemente información. Aunque tal vez desde otro punto de vista.

Hay algo muy importante en la Biblia y es el lenguaje simbólico. El lenguaje simbólico no es un lenguaje literal. La misma palabra lo dice, son símbolos que se utilizan para hablar de realidades, pero el símbolo no es la realidad.

Veamos por ejemplo el famoso libro del Apocalipsis, que fundamentalmente es un libro (no todo), en el que hay muchos capítulos donde se emplea un lenguaje tremendamente simbólico. Por lo que, si usted no sabe que le está hablando de una forma simbólica, puede llegar a decir: "No entiendo absolutamente nada".

Veamos el capítulo 6, cuando se habla de los sellos y donde aparecen los famosos caballos del Apocalipsis.

Vamos a ver a partir del versículo 1: *"Vi cuando el Cordero..."*. ¿Quién es el Cordero? ¿Por qué decimos que cuando se menciona el Cordero, es Jesús? ¿En qué nos basamos?

Hay versículos que nos hablan, por ejemplo: *"El siguiente día vio Juan a Jesús que venía a él, y dijo: He aquí el Cordero de Dios, que quita el pecado del mundo"* (Jn. 1:29).

Hay una costumbre muy arraigada en muchos cristianos y es afirmar cosas que después no pueden demostrar. No estoy diciendo que no sean así, lo que quiero decir es que cuando usted afirma una cosa, debe poder demostrarlo. De lo contrario, estaría diciendo muchísimas cosas, pero como a alguien se le ocurra preguntarle un día: "¿Y por qué dice eso? ¿en qué se apoya? ¿dónde dice eso en la Biblia?". Amigo, como no tenga una respuesta, puede hacer el ridículo.

Hay una cosa muy importante que no aparece en los textos originales y son las mayúsculas y las minúsculas. En hebreo no hay mayúsculas ni minúsculas.

Entonces ¿cómo se diferencia, por ejemplo, cuando usted está hablando del Señor que del señor Don Juan? Bueno, pues porque la palabra para "Señor" es una palabra completamente diferente a cuando usted habla del "señor Juan", o del "señor Pedro". Entonces, es una palabra específica. Nadie le va a llamar: *"Adonai"*.

Adonai es una palabra que solamente se usa para hablar del Señor, del Señor de señores y del Rey de reyes. Y después hay otras: *"Adón"*, *"Adonín"* … que se emplean para hablar, pero no se utilizan las mayúsculas y las minúsculas.

Cuando lea los textos de la Biblia en nuestro idioma, fíjese bien, porque la mayúscula y la minúscula cambian completamente el sentido de la frase. A veces, la Biblia habla de Dios con mayúscula, pero también habla "del dios de este siglo" con minúscula y se refiere a Satanás, pues es uno de los títulos que recibe.

2ª Corintios 4:4: *"...en los cuales el dios de este siglo cegó el entendimiento de los incrédulos, para que no les resplandezca la luz del evangelio de la gloria de Cristo, el cual es la imagen de Dios".*

Empezamos el capítulo viendo que la palabra "Cordero" aparece en mayúscula.

Apocalipsis 6:1: *Vi cuando el Cordero abrió uno de los sellos, y oí a uno de los cuatro seres vivientes decir como con voz de trueno: Ven y mira.*

Bueno, el tema de los sellos es necesario explicarlo, porque hoy en día el sistema que nosotros tenemos para comprender la Palabra de Dios es completamente diferente al sistema de los tiempos de la Biblia. Hoy en día tenemos libros. En aquellos tiempos, los libros no existían, sino que eran rollos que se abrían. En este caso, está haciendo referencia a un rollo que tiene siete sellos lacrados. Y lo que está ocurriendo es que cuando quita uno de estos sellos, ocurre algo en la tierra.

El versículo 2 del capítulo 6 de Apocalipsis, dice: *"Y miré, y he aquí un caballo blanco; y el que lo montaba tenía un arco; y le fue dada una corona, y salió venciendo, y para vencer".*

Hay momentos en la Biblia, tanto en lo que llamamos Antiguo o Nuevo testamento, en los que aparecen figuras que se parecen. Por ejemplo, la Biblia dice en Apocalipsis 5:5 que uno de los títulos que recibe Cristo es el "León de la tribu de Judá". De hecho, el símbolo de la ciudad de Jerusalén es un león. Su bandera es un león con los mismos colores. Si usted va por las calles y ve las tapas de las alcantarillas, verá representado a un león. Porque Jerusalén pertenecía a la tribu de Judá, entonces el símbolo era el león. Por eso Cristo era el León de la tribu de Judá.

Entonces fíjese en que después dice en 1ª Pedro 5:8 que Satanás es como un león rugiente: *"Sed sobrios, y velad; porque vuestro adversario el diablo, como león rugiente, anda alrededor buscando a quien devorar".* Puede ver que existe el mismo título aplicado a uno que a otro.

En el Apocalipsis, encontrará a alguien montado sobre un caballo blanco, pero tiene que fijarse bien en quién lo monta. Porque ahora estamos leyendo que hay otro jinete montado también sobre un caballo blanco, pero el que lo monta es la misma persona representada por diferentes "seres vivientes". Por eso es muy importante observar los detalles.

Curiosamente, dice que "el que lo montaba llevaba un arco sin flecha, una corona y salió venciendo para vencer". Fíjese que en el versículo 4, el caballo ha cambiado de color. En el versículo 2 es blanco, y en el versículo 4 dice que es bermejo o de color.

Además, el que lo monta, mire qué interesante, dice que se le dio poder para quitar de la tierra la paz y para que se mataran unos con otros. Y se le dio una gran espada. El que lo monta es la misma persona, pero según se va manifestando (estamos hablando del anticristo), y según se va dando a conocer, el caballo va cambiando de color.

Se habla del caballo, pero lo importante es el mensaje que trae el que está montado encima de él.

Cuando nos fijemos en la escultura del caballo con un jinete montado en él, tenemos que observar si el caballo está apoyado sobre dos patas o sobre las cuatro. Al apoyarse sobre dos patas, podemos observar que el monumento se levantó dando importancia al caballo en vez de al jinete, pero cuando vemos el caballo apoyado sobre las cuatro patas, el monumento se ha levantado al jinete, y no al caballo.

Entonces, en este caso el caballo va cambiando de color. Ahora, usted puede decir que no existen caballos rojos. Por supuesto, claro que no. Pero está utilizando un lenguaje simbólico. Al principio es un caballo blanco para dar a entender que su forma de presentarse al mundo es "una forma pacífica, sin causar daño", pero automáticamente cambia de color. ¿Por qué? Pues porque al cambiar el caballo de color blanco a rojo, dice que se quita la paz de la tierra y la gente comienza a matarse unos a otros. Por ello adquiere el color de la sangre que se está derramando.

Si vamos al versículo cinco: *"Cuando abrió el tercer sello, oí al tercer ser viviente, que decía: Ven y mira. Y miré, y he aquí un caballo negro; y el que lo montaba tenía una balanza en la mano".* Nos encontramos con que el caballo ya es negro. El que lo monta sigue siendo el mismo, pero fíjense que al principio llevaba un arco sin flecha, una forma pacífica. Después, lleva una espada. Y ahora, si se da cuenta, en el versículo seis dice que lleva una balanza: *"Dos libras de trigo por un denario, y seis libras de cebada por un denario; pero no dañes ni el aceite ni el vino".* Se disparan los precios de una forma impresionante.

Un denario era lo que habitualmente se le pagaba por día a un obrero asalariado. Lo pueden ver por ejemplo en la parábola de la viña. Dice que se contrataban obreros por un denario al día. Entonces fíjese que, para comprar una barra de pan, llegará el momento en el que un obrero tendrá que trabajar durante un día entero. ¿De que nos está hablando la Biblia de una forma simbólica? De una gran inflación. Se van a disparar los precios de una forma sin precedentes y todo esto causado por la persona que en un principio simbólicamente (no literalmente), aparece en escena mundial montado en un caballo blanco, pero que se va transformando lentamente, en un periodo de tiempo de más o menos tres años y medio. Y ahora, comienza a haber falta de alimentos en la tierra. Veamos el versículo 8:

Apocalipsis 6:8: *"Miré, y he aquí un caballo amarillo, y el que lo montaba tenía por nombre Muerte, y el Hades le seguía; y le fue dada potestad sobre la cuarta parte de la tierra, para matar con espada, con hambre, con mortandad, y con las fieras de la tierra".*

El caballo ya es de color amarillo y el que lo monta ahora nos dice literalmente que es la muerte: "el Hades le seguía".

"Y se le dio poder o potestad sobre la cuarta parte de la tierra para matar con espada, con hambre, con mortandad, y con las fieras de la tierra": Aquí tenemos un ejemplo bíblico de un capítulo que desde que empieza hasta que termina, le está relatando realidades, pero utilizando un lenguaje simbólico.

Entonces, si usted quiere interpretar esto literalmente, pues puede llegar a pensar que algún día va a aparecer por las calles de la ciudad un señor con un arco en la mano, con un caballo que va cambiando de color, que más que un caballo parece un camaleón. Pero esto no se puede interpretar literalmente. Por eso el Apocalipsis les causa tanto rechazo a muchas personas, porque al no dominar o no conocer el lenguaje simbólico, se aburren

79

porque no entienden la lectura.

En Apocalipsis 13:2, aparecen animales que si usted no sabe lo que representan o simbolizan, evidentemente no entenderá nada y tendrá que recurrir a la imaginación (la cual es el peor enemigo del creyente a la hora de interpretar la Biblia). En realidad, la imaginación no es necesaria para interpretar la Biblia, lo que hace falta es el conocimiento.

Si usted no tiene los elementos necesarios para poder interpretar adecuadamente lo que simbolizan esos animales ¿cómo los va a interpretar? "Bueno, a mí me parece que el león puede ser... yo creo que...". Esto forma parte de algo muy divulgado en muchos círculos cristianos donde la gente empieza a especular y a inventar cosas. Y parece que, a base de repetir y repetir, se van asentando en sus declaraciones. Pero, nada más lejos de la realidad.

Por ejemplo, si vamos al capítulo 12, volvemos otra vez a encontrarnos con un capítulo plagado de lenguaje simbólico. Y este lenguaje no se puede interpretar como literal, ni lo literal como simbólico. Cuidado con eso.

Apocalipsis 12:1: *Apareció en el cielo una gran señal: una mujer vestida del sol, con la luna debajo de sus pies, y sobre su cabeza una corona de doce estrellas.*

Hay una mujer en una visión donde aparecen tres elementos: el sol, la luna y curiosamente doce estrellas.

Si usted tiene conocimiento de la Palabra, automáticamente sabrá de quiénes está hablando. Pero si no es así, puede llegar a sacar conclusiones que no tienen nada que ver con el tema. No es lo que usted crea, es lo que ya ha dicho la Biblia.

Recordemos lo que dije con anterioridad: uno de los principios elementales para interpretar la Biblia es que la Biblia se interpreta así misma. Es decir, para saber lo que Dios va a hacer, tengo que saber lo que Dios ha hecho. Porque en base a lo que Dios ha hecho, así ocurrirá en el futuro.

¿En qué parte de la Biblia aparece una referencia muy parecida al versículo que hemos leído anteriormente? Cuando relata los famosos sueños de José.

No todos los sueños son proféticos, pero en este caso José tuvo varios sueños proféticos. Es decir, Dios le estaba revelando lo que iba a ocurrir en su vida con muchos años de antelación. Una de las cosas que vio fue que "el sol, la luna y las estrellas se postrarían ante él". Entonces, resulta que cuando él le cuenta este sueño a su padre Jacob, ellos ya sabían que su padre era el sol, su madre la luna y sus hermanos las estrellas; los cuales se iban a postrar delante de él y le iban a adorar.

Ese pasaje está hablando del pueblo de Israel. No saquemos eso de su contexto, porque después podemos llegar a inventar algo que no tiene nada que ver con la realidad.

Así que ahora en el Apocalipsis, tiempo más tarde, vemos que hay una visión en el cielo donde aparece una mujer con los mismos elementos del famoso sueño que tuvo aquel joven llamado José. El sol, la luna y las estrellas, donde aparece Israel: *"Y estando encinta, clamaba con dolores de parto, en la angustia del alumbramiento. También apareció otra señal en el cielo: he aquí un gran dragón escarlata, que tenía siete cabezas y diez cuernos, y en sus cabezas siete diademas; y su cola arrastraba la tercera parte de las estrellas del cielo, y las arrojó sobre la tierra. Y el dragón se paró frente a la mujer que estaba para dar a luz, a fin de devorar a su hijo tan pronto como naciese"* (v. 2-4).

Se trata de una mujer que está a punto de dar a luz a un hijo, y es interesante notar que en el versículo 5 dice lo que ese hijo va a hacer: *"Y ella dio a luz un hijo varón, que regirá con vara de hierro a todas las naciones; y su hijo fue arrebatado para Dios y para su trono"*.

Aquí nos está describiendo los sufrimientos del pueblo de Israel tipificado en la figura de una mujer que ha recibido una promesa: que va a nacer el Mesías. Y a lo largo de la historia, desde Génesis 3:15 (donde se da la primera profecía del nacimiento del Mesías), hasta que nace el Señor Jesucristo, relata todos los sufrimientos e intentos por parte de Satanás para impedir que Jesús naciera.

Y podríamos estar hablando horas sobre cómo Satanás, siguiendo el rastro del posible nacimiento del Mesías, intenta por todos los medios que este pueblo (tipificado en la figura de una mujer embarazada), no dé a luz al Mesías.

El niño logra nacer, pero a los pocos días, Herodes

promulga un edicto donde, a todos los niños menores de dos años, había que asesinarlos. El diablo estaba tratando de impedir que el Mesías naciera. Ya lo había intentado en Egipto con su antepasado Moisés, y ahora lo vuelve a intentar en los tiempos del nacimiento de Jesús; aunque finalmente, el niño nace.

Por lo tanto, cuando por ejemplo usted va a este tipo de capítulos proféticos, o a este tipo de libros como el Apocalipsis, Ezequiel, Daniel... usted no puede interpretar la Biblia según su parecer. Usted no puede interpretar el mensaje simbólico como algo real, o viceversa.

Entonces, ¿cuáles son las claves para interpretar o para reconocer y diferenciar el lenguaje literal del lenguaje simbólico?

II.   TRES CLAVES

1. Cuando la figura que se utiliza no tiene relación con personas o eventos reales.

Entonces, si no se trata de algo real, ahí está hablando en un lenguaje simbólico. Cuando el lenguaje bíblico está hablando de cosas irreales, detrás de ese mensaje simbólico hay un mensaje que a lo mejor usted no entiende, pero que no lo puede interpretar como algo real.

¿Existe un caballo de color rojo? ¿Existe un caballo de color amarillo? En absoluto. En ese caso no se puede interpretar el texto de una forma literal, porque la realidad es que eso no existe. Es simplemente una figura, una forma de hablarnos sobre algo que a lo mejor en ese momento no entendemos, pero que tiene un mensaje en sí mismo.

2. Cuando resulta imposible cumplir con la literalidad del versículo.

Veamos dos ejemplos:

Mateo 8:22: *"Deja que los muertos entierren a sus muertos".*

¿Los muertos pueden enterrar a un muerto? Es una forma de hablar que no es literal. Pero, ¿por qué utiliza esa expresión?

El muchacho que estaba recibiendo un llamado del Señor, puso en primer lugar sus obligaciones familiares que el llamado que estaba recibiendo. Esto es muy típico en el ser humano: posponer su responsabilidad delante del Señor.

¿Quería decir que en ese momento el padre estaba muerto en su casa y el Señor es tan duro que no le dejaba enterrarlo? Bueno, aunque así fuera, si a mí el Señor no me dejara enterrar a mi padre porque me está llamando, incluso así, tendría que obedecer.

Pero este no era el caso, el caso era que el padre estaba vivo, nadie sabía cuando iba a morir ese hombre. Y lo que le estaba diciendo era: "Bueno, yo te seguiré, pero deja que primero se muera mi padre, y cuando se muera, hablamos". Entonces el Señor le dijo: "Deja que los muertos entierren a sus muertos". ¿Qué quiso decir? ¿Qué significa eso? Pues que hay gente que espiritualmente está muerta. Comen, viven, respiran, hablan, se visten, trabajan, entran, salen... pero espiritualmente están muertas.

¿No dice Efesios 2:1 que "Él nos dio vida cuando estábamos muertos en nuestros delitos y pecados"? Quiere decir que el Señor considera a una persona que no ha nacido de nuevo como una persona que está muerta.

"Deje que ellos se encarguen de todas esas cuestiones, pero usted tiene que estar por encima de eso": En otras palabras, en su lista de prioridades, lo primero tiene que ser el Señor. No la tradición, mis negocios, mi familia, e incluso yo mismo.

¿Siguió insistiendo el Señor en llamar a ese chico? En absoluto. Si el Señor le llama y no responde, pues usted se lo pierde. Así de claro.

Juan 15:5: *"Yo soy la vid, vosotros los pámpanos; el que permanece en mí, y yo en él, éste lleva mucho fruto; porque separados de mí nada podéis hacer".*

¿Jesús iba literalmente por la calle en forma de vid y nosotros somos como racimos de uva? Evidentemente no. ¿Por qué el Señor se compara con una vid y a nosotros con los pámpanos? Porque nos está hablando de una interdependencia. De que tenemos que estar conectados, así como el pámpano. Si usted lo corta de la vid, se seca y muere. Asimismo, nosotros separados del Señor, estamos muertos. Es solamente una forma simbólica de hablar de una realidad.

Para nuestra existencia, nosotros dependemos de estar conectados a la fuente. Y la fuente es el Señor, ni más ni menos.

3. Cuando, aparentemente, un texto entra en conflicto con otro.

Juan 2:19, 21: *"Respondió Jesús y les dijo: Destruid este templo, y en tres días lo levantaré... Mas él hablaba del templo de su cuerpo".*

Él hablaba del templo de su cuerpo. Luego Él compara el cuerpo humano con un templo. Por eso Pablo, tiempo más tarde, cuando le escribe a los Corintios dice: "Hermanos, no quiero que ignoréis que vuestro cuerpo es el templo del Espíritu Santo de Dios".

No vivimos con esa tragedia constante y permanente de no tener un templo donde ir a adorar a Dios, como por ejemplo le ocurre al pueblo de Israel, cuyo objetivo fundamental es orar y orar, y pedir de noche y de día para que se reconstruya el Templo de Jerusalén. Sino que ahora tenemos que tener claro que nosotros somos el templo donde Dios vive. Y donde yo estoy, Dios está. Y donde Dios está, pues teóricamente yo también tengo que estar.

Entonces, ¿se dan cuenta cómo aparentemente el versículo 19 parece una cosa muy fuerte, pero el 21 se lo aclara? Ahí vemos un ejemplo práctico de cómo la Biblia se interpreta así misma.

Y, dicho sea de paso, el declarar, no solamente Cristo, sino Pablo siglos más tarde, que el cuerpo del creyente en Dios es templo del Espíritu Santo, eso fue algo impresionante. Para nosotros hoy en día eso resulta normal, no nos impacta que diga eso. Pero en aquella cultura, ya desde el tiempo de los griegos, se creía que el cuerpo era la cárcel del alma. El cuerpo era malo, había que dañarlo, había que perjudicarlo. Porque "mientras estemos en el cuerpo, nuestra alma está como oprimida, encarcelada, y no podemos ser felices".

Pero el cristianismo rompió con esa falsa doctrina, con esa falsa enseñanza de que el cuerpo es malo. El cuerpo no es malo, es lo que usted quiere que sea. El cuerpo lo puede contaminar o lo puede cuidar. Pero en este caso, Dios santifica. Pues dice que el templo del Espíritu Santo ahora es el cuerpo del creyente.

III.   EL EUFEMISMO

El "eufemismo" consiste en utilizar o hablar en un lenguaje "agradable" o "diplomático" para sustituir algo que podría sonar muy fuerte. Es decir una verdad, pero de una manera diplomática.

1º Samuel 24:3: *Y cuando llegó a un redil de ovejas en el camino, donde había una cueva, entró Saúl en ella para cubrir sus pies; y David y sus hombres estaban sentados en los rincones de la cueva.*

Este pasaje es un "eufemismo", pues dice algo de una forma diplomática o suave, para no decir literalmente que a lo que entró el rey Saúl dentro de la cueva, fue a hacer sus necesidades.

Cuarto capítulo: Las dispensaciones

Las dispensaciones son como la espina dorsal de la Biblia, y conocerlas es de gran importancia. Principalmente, si el estudiante de la Biblia desea comprender las obras pasadas, presentes y futuras de Dios. En esta síntesis, tendremos una visión amplia desde el libro de Génesis hasta el libro de Apocalipsis.

Hay diferentes formas de ver el dispensacionalismo:

⇨ Es un método de interpretación. Nos ayuda a comprender el desarrollo de la Voluntad Divina sin aplicar incorrectamente su mensaje.

⇨ Es una doctrina bíblica. Si es una doctrina, debe ser enseñada en la iglesia y defendida.

⇨ Es una verdad gramatical, literal e histórica. Si respetamos el mensaje de la Escritura, respetando su gramática, su literalidad y su historia, seremos inevitablemente dispensacionales.

I. LA INOCENCIA

Va desde la creación de Adán y Eva hasta su expulsión del jardín del Edén, desde Génesis 1:26 hasta Génesis 3:24.

Esos tres capítulos son muy importantes porque ahí encontramos no solamente la creación de los animales, las aves, los mamíferos, etc. Sino la creación del hombre. ¿Cómo trataba Dios con el hombre? No había pecado, no había desorden. Sino que había una comunión directa del hombre con Dios y de Dios con el hombre. El hombre no

91

tenía miedo de Dios, le hablaba con total libertad. Entendía el lenguaje de Dios. Era un tiempo de inocencia. Lamentablemente fue una etapa muy corta porque sabemos que el hombre fue expulsado del jardín del Edén por su pecado, por su rebelión contra Dios. Y después ya entraríamos en la segunda dispensación.

II. LA CONCIENCIA

A partir de este momento, ya el hombre no tiene "línea directa" con Dios. A partir de este momento ya Dios no va a hablar directamente con el hombre. Pero en la conciencia del hombre está grabada, por lo menos durante un tiempo, la voluntad de Dios. Como dice el apóstol Pablo en Romanos capítulo 1 y 2: "A través de su conciencia, el hombre puede discernir entre el bien y el mal". Esa etapa va desde Génesis 3:24 hasta Génesis 7:23.

Sería ridículo decir que hoy en día el elemento o el sistema que Dios utiliza para dar a conocer su voluntad a la raza humana es la conciencia. Porque la conciencia del hombre está tan deteriorada, tan cauterizada como dice el apóstol Pablo en una de sus epístolas, que prácticamente muchos ya no tienen ni conciencia. Ven a lo malo como algo bueno y a lo bueno como algo malo: el mundo al revés. Por lo tanto, darse a conocer a través de la conciencia de los seres humanos es algo totalmente improbable. Porque la conciencia de un violador evidentemente no es la misma conciencia que la de una persona que tiene comunión con Dios y que lo ama. Por tanto, esa etapa de la historia ya no existe. No es que el hombre ya no tenga conciencia, lo que ocurre es que el hombre ha sido tan bombardeado, tan contaminado con todo tipo de filosofías, de religiones y de conceptos, que su conciencia está envenenada. Y no es la misma conciencia que tenía en un principio, sino que es completamente diferente. Pero hay que reconocer y partir de la base de que hubo un momento en el que, a través de la conciencia, el hombre pudo llegar a conocer la verdad y a rechazar el mal.

III. EL GOBIERNO HUMANO

Va desde Génesis 8:20 hasta Génesis 11 aproximadamente, incluyendo la conocida historia de la torre de Babel.

Adán y Eva pierden la comunión, esa línea directa que tenían con Dios. Entran en una etapa en la que ya no hay esa relación de intimidad, de santidad, de inocencia, sino más que nada por la conciencia y por algunos principios que Dios ha ido revelando.

Esa etapa se culmina y comienza el gobierno humano, que fue un auténtico desastre. El hombre gobernándose a sí mismo, eso es lo que significa el gobierno humano. El hombre gobernándose a sí mismo hasta llegar a un punto en que diga: "Bueno, vamos a construir una enorme torre que nos permita llegar a la presencia de Dios y de alguna manera demostrarle que hemos sido capaces de llegar a su presencia por nuestros propios medios y no por los medios establecidos que Él enseñó en el jardín del Edén cuando los primeros hombres fueron expulsados".

La etapa del gobierno humano terminó en una confusión de lenguas.

Hasta la siguiente etapa, la tercera dispensación, toda la raza humana hablaba el mismo idioma: el de Adán y Eva. Pero a partir de esta tercera dispensación, con la destrucción de la torre de Babel y con la dispersión de toda la raza humana por las naciones de la tierra, el idioma cambió. Por lo tanto, se produjeron divisiones, la raza humana se fragmentó y, a partir de ese momento, hubo una nueva etapa.

IV.   LA PROMESA

Desde Génesis 12:1 hasta Éxodo 19:8 aproximadamente. Ahí podremos ver cómo Dios llama a un hombre y lo saca de Ur de los caldeos: un hombre llamado Abraham. La Biblia nos enseña que este hombre tuvo que salir dejándose guiar única y exclusivamente por la mano de Dios, dejando todo atrás: costumbres, religión, familia, posibilidad de herencia, etc. Y comenzó a andar a la deriva como un nómada por las distintas partes del mundo. Y de repente Dios le dijo que lo iba a engrandecer, que lo iba a bendecir. Que, a través de uno de sus descendientes, todas las naciones de la tierra serían bendecidas. Le prometió un país, le prometió descendencia, le prometió ser de bendición. Y en cierto sentido, Abraham recibió la promesa de que, a través de uno de sus descendientes, iba a venir el Mesías. Entonces, sabemos que a través de Abraham vino Isaac, a través de Isaac vino Jacob, y a través de Jacob se levantó el Mesías. Y tenemos el comienzo del pueblo de Israel, que fue el instrumento que Dios utilizó para que naciera el Mesías. Y a través de esta nación, con la que tenía un trato diferente con respecto a las demás naciones, las naciones iban a tener un punto de referencia. Israel iba a ser una luz en medio del politeísmo, en medio del paganismo de la época. Israel recibió una promesa a través del patriarca Abraham por la fe. Ellos iban a ser los encargados de difundir por todo el mundo las buenas nuevas de que algún día vendría un Salvador, un Mesías. Bueno, todo esto suena muy bonito, pero sabemos que lamentablemente no se cumplió, en el sentido de que Israel no cumplió al 100% el propósito de Dios. Y ahí entramos en una nueva etapa, una etapa en la cual todavía muchos siguen anclados, porque piensan que fue la última y definitiva forma en que Dios trató con la raza humana, lo cual no es cierto.

V.   LA LEY

Dios levantó al pueblo, lo sacó milagrosamente de la esclavitud en Egipto después de un largo periodo, y lo llevó al desierto. Y cuarenta días después de haber salido de Egipto, lo llevó al monte Sinaí, y allí le dio la instrucción: la ley, la *Torá*. La cual iba a ser lo que durante siglos le ayudaría a llevar una vida ordenada, una vida bajo normas, una vida no a lo salvaje, donde uno se gobierna a sí mismo, sino donde Dios intentaría controlar, gobernar y dirigir los designios del pueblo. Al mismo tiempo, la ley le sirvió como código de conducta, una especie de fronteras para que ellos supiera hasta dónde podía llegar en su relación con los demás pueblos, entre ellos mismos, etc. Cómo comportarse cuando llegaran a la tierra prometida, para no caer como víctimas bajo la influencia de los paganos y así marcar una vida diferente.

Entonces, durante muchos siglos este fue el sistema que Dios utilizó para preparar al pueblo y para que se dieran cuenta de que la ley no se podía cumplir por el esfuerzo de uno mismo, sino que tenía que venir un Salvador para que nos liberara de este yugo. Porque la ley, dijo el apóstol Pablo, es un yugo que Dios puso sobre los cuellos de los seres humanos para que se dieran cuenta de que por sí mismos no se pueden salvar.

En cierto sentido, aunque parezca una contradicción, la ley se le dio para que no la pudiera cumplir. En otras palabras, era una forma de demostrarle al pueblo que por más que se esfuerce, por más que luche, por más que ore, por más que haga sacrificios, por más que se esfuerce en todos los rituales de la ley, jamás podría cumplirla. Hay 613 mandamientos básicos o elementales y ningún ser humano jamás pudo cumplir con toda la ley. En absoluto. *"No hay justo, ni aún uno"*, declara la Biblia en Romanos 3:10. Esta etapa duró desde Éxodo 20 hasta los tiempos de Jesús en Mateo 27. Pues después de la ley, Dios siguió hablando y obrando.

VI.   LA GRACIA

Romanos 3:21-25: *"Pero ahora, aparte de la ley, se ha manifestado la justicia de Dios, testificada por la ley y por los profetas; la justicia de Dios por medio de la fe en Jesucristo, para todos los que creen en él. Porque no hay diferencia, por cuanto todos pecaron, y están destituidos de la gloria de Dios, siendo justificados gratuitamente por su gracia, mediante la redención que es en Cristo Jesús, a quien Dios puso como propiciación por medio de la fe en su sangre, para manifestar su justicia, a causa de haber pasado por alto, en su paciencia, los pecados pasados"*.

Evidentemente, quien dio la ley fue el Señor. Los principios morales de la ley, lógicamente, siguen en plena vigencia. Todas las Constituciones del mundo, o la mayoría, están basadas en conceptos bíblicos. Pero lo que está claro es que hay muchísimos, cientos de aspectos de la ley que no se pueden cumplir porque no hay templo. Es decir, hay muchos aspectos que, para poder cumplirlos, tiene que haber un templo.

Por ejemplo, todo el libro de Levítico, que es el manual del sacerdote y de los levitas para poder ministrar en el templo, no se puede cumplir.

¿Y los aspectos morales de la ley? Por supuesto. Porque la ley es un reflejo del corazón de Dios. La ley refleja la voluntad de Dios: que nos amemos, que nos respetemos.

Ese famoso mandamiento de "amarás a tu prójimo como a ti mismo" no es una innovación que Cristo trajo en su ministerio. El apóstol Juan dijo: "Yo no os he enseñado ningún mandamiento nuevo". Es el mandamiento que desde un principio hemos tenido.

"Amarás al Señor con todo tu corazón, con toda tu alma y con toda tu mente. Y a tu prójimo como a ti mismo". Eso no está en el Nuevo Testamento únicamente. Eso ya aparece en la ley de Moisés. El amor al prójimo, se manifiesta en: "No matarás", "no criticarás", "no juzgarás", "no dirás falso testimonio", etc.

La base de todo eso está en la ley. Por lo tanto, tiene pleno vigor. Ya que evidentemente no ha cambiado con la figura de Cristo, sino al contrario, se ha incrementado; se ha ampliado más todavía.

Pero a parte de la ley, el Mesías ya vino. Nosotros como cristianos creemos y estamos plenamente convencidos de que el Mesías que tenía que venir, ya vino. Israel o algunos en Israel, lamentablemente, todavía esperan que el Mesías aparezca por primera vez. Nosotros creemos que el Mesías vendrá, pero por segunda vez.

La gracia es tratar a la gente mejor de lo que se merece. La ley produce muerte. La salvación a través de Cristo produce vida. En el Nuevo Testamento, está la opción al arrepentimiento, a pedir perdón, a la gracia y a la misericordia de Dios.

Esta es la etapa en la que nos encontramos nosotros en este momento. La etapa de la gracia. Que no significa que ahora todo vale porque "estamos en la gracia". A veces se suele escuchar: "Como Dios es bueno y como Dios perdona…". Hay una gran responsabilidad sobre nosotros.

¿Cuánto durará esta etapa? Nadie lo sabe. Lo que está claro es que llegará un momento en que, así como se cerraron las puertas del arca de Noé, el periodo de gracia se cerrará.

Romanos 8:3-4: *"Porque lo que era imposible para la ley, por cuanto era débil por la carne, Dios, enviando a su Hijo en semejanza de carne de pecado y a causa del pecado, condenó al pecado en la carne; para que la justicia de la ley se cumpliese en nosotros, que no andamos conforme a la carne, sino conforme al Espíritu".*

La ley del Señor es perfecta, pero yo no soy perfecto. Entonces, como yo no soy perfecto, es imposible que pueda cumplir con la perfección que Dios pone delante de mí. Por tanto, no es por la ley que el hombre va a ser justificado, sino que la ley nos lleva a Cristo. El hombre es tan soberbio y arrogante que se engaña a sí mismo creyendo que por sus méritos y cumpliendo con sus oraciones y liturgias, puede llegar a agradar a Dios y obtener la salvación de su alma. En Cristo queda perfectamente demostrado que no es por los méritos, sino que es por lo que Él ha hecho que podemos llegar a ser salvos. No es por mis méritos, sino por los méritos de Cristo.

Filipenses 3:9: *"y ser hallado en él, no teniendo mi propia justicia, que es por la ley, sino la que es por la fe de Cristo, la justicia que es de Dios por la fe".*

Abraham fue justificado, no por la ley, porque en su época no existía la ley; fue justificado por la fe. Dios le dio una promesa y él le creyó a Dios, y el Señor le justificó. ¿Por las obras de la ley? No. Por la fe.

Pablo dijo: "Vosotros sois hijos de Abraham". ¿Por qué? Porque si usted cree en Dios y en lo que dice el Señor de la misma manera que Abraham creyó en Dios en ese momento (no por los méritos, ni por las obras de la ley, ni por lo que podía haber hecho, sino por el hecho de creer), después dijo: "Por la fe vosotros también sois hijos de Abraham".

No solamente el pueblo de Israel, ni parte de las naciones árabes (a través de Ismael) vienen de Abraham, sino que nosotros somos hijos de Abraham por la fe en aquella promesa que él recibió y creyó. Por lo tanto, también Abraham, en cierto sentido, es el padre de todos los creyentes o de todos los que creemos en la promesa.

¿Y la promesa quién era? Cristo es la promesa hecha realidad.

VII. EL ESTABLECIMIENTO DEL REINO DE CRISTO

Efesios 1:10: *"de reunir todas las cosas en Cristo, en la dispensación del cumplimiento de los tiempos, así las que están en los cielos, como las que están en la tierra".*

El objetivo del Padre es reunir "todo" en Cristo. De tal manera que todo apunta en una misma dirección, y es entronizar al Mesías. Él tendrá la oportunidad de establecer su reino aquí en la tierra durante mil años (lo dice la Escritura en varios pasajes), desde la ciudad de Jerusalén.

Quisiera que leamos el mensaje que el ángel Gabriel le da a María, el cual es muy interesante. Muchas veces lo leemos, sobre todo en épocas navideñas, pero no nos paramos a pensar en la profundidad de este paquete profético que el ángel le estaba dando a esta mujer.

Lucas 1:26-33: *"Al sexto mes el ángel Gabriel fue enviado por Dios a una ciudad de Galilea, llamada Nazaret, a una virgen desposada con un varón que se llamaba José, de la casa de David; y el nombre de la virgen era María. Y entrando el ángel en donde ella estaba, dijo: ¡Salve, muy favorecida! El Señor es contigo; bendita tú entre las mujeres. Mas ella, cuando le vio, se turbó por sus palabras, y pensaba qué salutación sería esta. Entonces el ángel le dijo: María, no temas, porque has hallado gracia delante de Dios. Y ahora, concebirás en tu vientre, y darás a luz un hijo, y llamarás su nombre JESÚS. Este será grande, y será llamado Hijo del Altísimo; y el Señor Dios le dará el trono de David su padre; y reinará sobre la casa de Jacob para siempre, y su reino no tendrá fin".*

Aquí hay una serie de palabras proféticas, de las cuales solo cuatro se han cumplido. Las tres restantes (son siete en total) no se han cumplido: "el trono", "que reinaría" y "que su reino no tendría fin". Todos los reinos que se mencionan en la Biblia: el babilónico, los medos persas, los griegos, los romanos, etc., todos tuvieron un principio y un final. El reino de Cristo, cuando comience su reino milenial, evidentemente tendrá un principio, pero no tendrá un final. Reinará por toda la eternidad. ¿En qué etapa? En la última.

En el pasaje anterior, vemos cómo antes de nacer se le dieron palabras proféticas a su madre. Algunas se han cumplido y otras no.

Por lo tanto, cuando nos acerquemos a cualquier pasaje de la Biblia, no importa si es el Antiguo o el Nuevo Testamento, tenemos que partir de la siguiente base: ¿En qué momento de la historia me encuentro?

Por ejemplo, cuando el Señor le hablaba a Moisés en el desierto mientras estaba con su pueblo, ¿en qué momento de estas siete dispensaciones se encontraba Moisés? En la etapa de la ley. Por eso cuando el Señor le hablaba, le hablaba a través de lo que ya estaba escrito.

Pero miren qué curioso, antes de que se escribiera la ley, ¿había algo escrito sobre alguna parte de lo que Dios había dicho? Piensen. Antes de Moisés, cuando Dios trataba con otros personajes (y había personajes muy importantes a parte de Moisés, como Abraham, Jacob o José) no había nada escrito. Pero yo pregunto, ¿el que no hubiera nada escrito significa que, por decirlo de alguna manera simbólica, no lo tuvieran escrito en su corazón?

Por ejemplo, cuando José fue tentado con la mujer de Potifar, él le dijo a la mujer: "¿Cómo voy a hacer esto y pecar contra mi Dios?". Pero ¿dónde está escrito eso? En su corazón. José jamás leyó Génesis, ni Éxodo, ni Deuteronomio, ni los Salmos, pero él sabía que había cosas que no-se podían hacer. Por tanto, él tenía una comunión con el Señor y no era necesario que en ese momento de su vida tuviera la ley. Él en su corazón sabía lo que estaba bien y lo que estaba mal. Su padre se lo había enseñado, y a él su abuelo.

Otro ejemplo: ¿Cómo sabía Abraham que iba a venir un Mesías y que a través de uno de sus descendientes todas las naciones de la tierra serían bendecidas? Porque Dios se lo comunicó directamente. Y después, Abraham se lo comunicó a su hijo Isaac. E Isaac no se quedó callado, sino que se lo transmitió a su hijo Jacob.

Además, podemos ver que cuando José se reveló a sus hermanos, les dijo: "Yo soy José, no tengan miedo, porque para todo esto el Señor nos ha ido preparando". Él sabía perfectamente en qué momento de la historia encajaba su vida.

El rey David, cuando ya era rey en Jerusalén, ¿en qué etapa se encontraba? En el tiempo de la ley. Él sabía que tenía que venir un Mesías, pero él se dejaba llevar por la ley ya que era lo que había en ese momento.

Así que es muy importante saber que Dios no trataba igual con una persona bajo la ley, que bajo la etapa del gobierno humano; o en la etapa de la inocencia, con Adán y Eva en el jardín del Edén. Aunque en la etapa del jardín del Edén, había dos mandamientos, ¿cuáles eran los dos únicos mandamientos que recibió Adán y que tenía que cumplir? Aunque no estuvieran escritos, recibió dos: "No coman de ese árbol porque habrá consecuencias": *"Mas del árbol de la ciencia del bien y del mal no comerás; porque el día que de él comieres, ciertamente morirás"* (Génesis 2:17).

Y el segundo mandamiento: "Santificarás el día de reposo": *"Y bendijo Dios al día séptimo, y lo santificó, porque en él reposó de toda la obra que había hecho en la creación"* (Génesis 2:3).

Por tanto, el *Shabat* o el día de reposo, no entró con la ley de Moisés, sino que Adán tenía la orden de Dios de que el séptimo día tenía que reposar y recordar que su Creador, su Dios, había creado el cielo, la tierra y el universo. Y que él, en honor y por querer someterse a su Dios, tenía que demostrarlo ¿cómo? Quedándose quieto, no haciendo nada, sino meditando en la obra creadora de Dios.

La Hermenéutica nos va a ayudar mucho a acercarnos con prudencia y con tacto a la Escritura. Porque usted se dará cuenta de que hay palabras que a lo mejor no entiende y tiene que buscar su correcto significado. Se va a dar cuenta de que hay palabras que no se dijeron para usted. Por ejemplo, en Ezequiel 37, el profeta habla de una visión que Dios le muestra. Claro, usted podría interpretar la Biblia desde un punto de vista personal: "Bueno, yo creo; a mí me parece…". Pero después, si se da cuenta, el mismo capítulo nos dice a quién se refiere esos huesos secos.

Ezequiel 37:1-6: *"La mano de Jehová vino sobre mí, y me llevó en el Espíritu de Jehová, y me puso en medio de un valle que estaba lleno de huesos. Y me hizo pasar cerca de ellos por todo en derredor; y he aquí que eran muchísimos sobre la faz del campo, y por cierto secos en gran manera. Y me dijo: Hijo de hombre, ¿vivirán estos huesos? Y dije: Señor Jehová, tú lo sabes. Me dijo entonces: Profetiza sobre estos huesos, y diles: Huesos secos,* *oíd palabra de Jehová. Así ha dicho Jehová el Señor a estos huesos: He aquí, yo hago entrar espíritu en vosotros, y viviréis. Y pondré tendones sobre vosotros, y haré subir sobre vosotros carne, y os cubriré de piel, y pondré en vosotros espíritu, y viviréis; y sabréis que yo soy Jehová".*

Si usted no sigue leyendo el resto del capítulo, puede decir que ahí se ve usted mismo. Es decir, que usted era un hueso seco antes de conocer al Señor, y como conoció al Señor, le transformó, le renovó, le llenó con su Espíritu Santo, etc. Y eso aparentemente está muy bien, pero si seguimos leyendo, nos vamos a dar cuenta de que el mismo pasaje nos dice el por qué de esta visión y a quién representa o tipifica.

Ezequiel 37:11: *"Me dijo luego: Hijo de hombre, todos estos huesos son la casa de Israel. He aquí, ellos dicen: Nuestros huesos se secaron, y pereció nuestra esperanza, y somos del todo destruidos".*

¿Quiénes son esos huesos secos? El pueblo de Israel.

Entonces, si usted se detiene y no lee hasta el final, se pasará una hora predicando sobre que los huesos secos éramos nosotros, que como éramos inconversos; que como estábamos en el mundo; que como no conocíamos al Señor; pues estábamos muertos. Hasta que un día vino Cristo y tuvimos un encuentro con Él, nacimos de nuevo y todo el mundo muy contento; todo el mundo "gloria a Dios" y

"Aleluya". Pero si queremos tener una correcta exégesis, es decir, si queremos ceñirnos a la realidad del capítulo, tenemos que leerlo hasta el final. Y como dije anteriormente, una de las reglas de oro de la Hermenéutica es "no sacar el texto fuera de contexto para formar pretexto". Si yo digo que los huesos secos éramos nosotros antes de conocer al Señor, que estábamos "muertos"; pues estoy sacando del contexto lo que a mí me interesa. Sin embargo, cuando llegamos al versículo 11, nos dice que: "Todos estos huesos son la casa de Israel".

Ezequiel 37:12: *"Por tanto, profetiza, y diles: Así ha dicho Jehová el Señor: He aquí yo abro vuestros sepulcros, pueblo mío, y os haré subir de vuestras sepulturas, y os traeré a la tierra de Israel".*

Entonces, cuando una persona va a interpretar un pasaje bíblico, lo mejor que puede hacer antes de interpretarlo incorrectamente, es leerlo desde el principio hasta el final. Para que no le esté dando una aplicación incorrecta, ni esté diciendo lo que no es, aunque suene muy bonito; aunque le den un aplauso y la gente se vuelva loca diciendo que ha predicado de maravilla. Pero la realidad es que usted tiene que interpretar el texto según lo que dice. Y después, si quiere, puede decir: "Hermano, pero a parte de esto, de lo que significa literalmente, en cierto sentido nosotros podemos decir que también estábamos secos y muertos antes de conocer al Señor".

Pero primero debe dejar bien claro que este pasaje no va dirigido a la Iglesia sino al pueblo de Israel, ni más ni menos. Sin embargo ¿cuántas veces se comete este error? Si vamos a Apocalipsis 3, se van a dar cuenta que se suele sacar totalmente de contexto otro versículo muy conocido. ¿Qué es el contexto? Es lo que está antes y después de un versículo, lo que envuelve el pasaje bíblico.

¿Qué pone encima del versículo 14? Dice: "El mensaje a Laodicea". ¿Quién era Laodicea? Era una iglesia local que estaba en la ciudad de Laodicea. Hay que partir de esa base.

Apocalipsis 3:20: *"He aquí, yo estoy a la puerta y llamo; si alguno oye mi voz y abre la puerta, entraré a él, y cenaré con él, y él conmigo".*

¿A quién le dice el Señor estas palabras? A la iglesia de Laodicea. Por tanto, los de la iglesia de Laodicea eran creyentes.

¿Significa esto que literalmente el Señor estaba fuera de la iglesia tocando la puerta? No. Es simplemente una forma de decir: "Me han dejado de lado, no cuentan conmigo, mi presencia no está entre ustedes".

Sobre este versículo, cuántas veces no hemos visto a una persona que le está dando testimonio a un inconverso, y le dice: "Pues mire, ahora mismo, tal como dice la Biblia, el Señor está llamando a la puerta de su corazón. Así que, si está oyendo su voz, pues abra su puerta y Él cenará con usted, y usted cenará con Él".

Normalmente se explica de esta manera, y está muy bonito, pero no se olvide que el Señor no utilizó estas palabras para hablarle a ningún inconverso. Sino que el Señor dirigió estas palabras a un grupo de creyentes que se encontraban en muy mal estado, ya que no eran ni fríos ni calientes, sino más bien tibios. Y el Señor le dice a ese grupo de creyentes: "Oigan, que me tienen ante la puerta, y no me hacen ni caso".

Así que, si saca el texto fuera del contexto, estará haciendo un pretexto. Y le está dando una interpretación al versículo totalmente diferente al contexto que el Señor dio en este pasaje. Y así como con este ejemplo que les he puesto de los huesos secos, en Apocalipsis 3:20 y otros tantos, es impresionante la cantidad de personas que hoy en día en iglesias, auditorios, etc. sacan versículos fuera de su contexto, y enseñan cosas que no tienen fundamento bíblico.

Si comenzamos a hacer referencia a los famosos maestros o predicadores de la prosperidad, que hablan sobre la abundancia, el tener, etc. Es impresionante la cantidad de disparates que dicen. Esta gente tiene una vida de enseñanza bíblica pésima o prácticamente inexistente en la mayoría de los casos. Personas que se tragan absolutamente todo porque lo está diciendo tal persona, que además es el "gran ungido" o el famoso predicador. Pues cuántas veces sueltan promesas y textos totalmente sacados del contexto en auditorios y después, pues "pasa lo que pasa". Crean una falsa expectativa, hacen creer cosas a la gente que no son realmente así. Pero como alguien dijo en cierta ocasión: "Si una persona que está constantemente hablando de la prosperidad y el que prospera siempre es él, y todos los que le rodean están en la más absoluta y miseria pobreza, pues algo está haciendo mal". Porque no es normal que en un mensaje que efectivamente es para todos, ¿cómo es que usted esté en la estratosfera viviendo la buena vida y sea el único prosperado, mientras el resto del pueblo esté en la más absoluta miseria?".

La realidad en muchos casos es que siempre hay alguien que se aprovecha de aquella pobre gente que, por no comparar, no escudriñar, no leer; a veces hasta por temor y por auténtica manipulación... pues hacen cosas incoherentes. Que, si usted tiene dos dedos de frente y lo ve, dice: "Pero este hombre, lo que está utilizando es un sistema de presión sacando los versículos de la Biblia fuera de contexto, engañando y diciendo auténticas barbaridades".

Que el Señor nos ayude a partir de ahora a ser más cautelosos y a no ser tan ingenuos, ya que hay demasiada ingenuidad. A ser más precavidos, a ser más bíblicos. En cierto sentido, imitemos a los de Berea. Que, como dice la Biblia, los de Berea eran más nobles que los de Tesalónica, porque cuando Pablo les enseñaba las Escrituras, ellos averiguaban y escudriñaban la Palabra, para ver si estas cosas eran verdaderamente así o Pablo se las estaba inventando.

Así que cuando escuche un mensaje por internet o en una televisión cristiana, en un culto o donde sea, compruebe a la luz de la Palabra de Dios si es verdaderamente cierto. No en un 50%, o en un 75%, o en un 89%, sino en un 100%. El mensaje que ha escuchado debe tener una base bíblica completa, no una parte de psicología barata y otra parte de Biblia.

Por lo tanto, la Hermenéutica le va a ayudar a ser más serio a la hora de interpretar la Escritura y a no dejarse engañar o seducir por falsos maestros, falsas doctrinas; por modas que, al fin y al cabo, van y vienen y que a veces hacen más daño que otra cosa.

SEGUNDA PARTE: HOMILÉTICA

Introducción a la Homilética

Queridos hermanos y amigos, decidí añadir esta parte de la Homilética con la intención de poder capacitar y ayudar a las personas que se quieren preparar para servir al Señor, principalmente para predicar la Palabra de Dios. La Homilética es una ciencia o una materia que se suele enseñar en las Escuelas Bíblicas o en los seminarios, a las personas que quieren servir al Señor predicando el Evangelio; compartiendo la Palabra; dando estudios bíblicos; etc. Con el fin de que lo hagan de una forma ordenada y coherente, con una buena sustancia bíblica; con una serie de puntos; con un principio y un final; etc.

Veamos una pequeña definición de lo que es la palabra "Homilética": (del griego *homiletikos*, reunión, y *homileos*, conversar) es una rama de la teología pastoral, la cual se encarga del estudio del sermón o discurso religioso. Trata de manera principal sobre la composición, reglas de elaboración, contenidos, estilos, y correcta predicción del sermón. Nos enseña cómo presentar, con elegancia y estilo, un discurso religioso. Puede decirse, por lo tanto, que la Homilética es el arte y la ciencia de predicar[5].

Aparentemente, es una palabra un tanto complicada, que no se suele utilizar mucho o prácticamente nada en las congregaciones. Digamos que es un arte, una ciencia o una

---

[5] Definición tomada de la página web: https://es.wikipedia.org/wiki/Homilética

asignatura que tiene la intención de ayudarnos a preparar, desarrollar y compartir adecuadamente un mensaje, un discurso o una predicación. De tal manera que la Palabra llegue al oyente de la manera más clara posible. Y no solamente clara, sino que además provoque un "efecto" (aunque esto ya sería la obra del Espíritu Santo y la disposición de la persona que escuche el mensaje). Pero que, por lo menos, no sea por nuestra parte el subir a un púlpito y no estar bien preparados.

Primer capítulo: Técnicas para preparar y desarrollar un mensaje

A continuación, voy a enumerar las técnicas para preparar y desarrollar adecuadamente un mensaje:

A. Cuando tenemos la oportunidad de compartir la Palabra del Señor, sea en el lugar que sea, lo primero que tenemos que dar es gracias al Señor: "Padre muchas gracias porque me han invitado, porque tengo la oportunidad de compartir tu Palabra y es realmente un privilegio el poder compartir tu Palabra". Así que, cuando les llegue la invitación, lo primero que tienen que hacer es darle las gracias al Señor, porque no cabe la menor duda de que es un privilegio y una responsabilidad muy grande.

B. Después, les sugiero que tengan en cuenta lo siguiente: A la hora de preparar el mensaje, estudio o exposición, les va a ayudar mucho preguntarse: "¿A quiénes les voy a compartir?". Ya que no es lo mismo compartir la Palabra de Dios, por ejemplo, en una cárcel, que compartir al aire libre en una campaña evangelística. No es lo mismo dar un estudio bíblico a obreros, a pastores, a personas que están preparándose para servir al Señor, que dar una clase en una escuela dominical para niños; o en un culto de jóvenes; de mujeres; de hombres. Tampoco es lo mismo predicar en un funeral, que en una boda. Ni es lo mismo predicar en un culto de bautismos, que en un día en el que vamos a orar por un niño o por una niña, porque sus padres lo quieren consagrar al Señor.

Entonces, lo primero que se tienen que preguntar es: "¿Qué tipo de personas me van a escuchar o qué tipo de audiencia voy a tener?". Pueden ser personas nuevas o recién convertidas, o pueden ser personas que lleven muchos años en los caminos del Señor. Tal vez les inviten para que compartan la Palabra y estimulen a personas que se están preparando para salir a la obra misionera, etc. Es decir, la audiencia puede ser muy variada, y seguir esta pauta les va a ayudar mucho a la hora de preparar su mensaje.

C. Creo que también es muy importante tener en cuenta a qué tipo de iglesia vamos a ir. Porque yo siempre digo que "cuando uno va a un lugar, tiene que adaptarse al lugar donde le han invitado". Porque no es lo mismo predicar en una iglesia tradicional o conservadora, que a lo mejor en una iglesia que tiene otro "estilo" u otra "forma" de compartir la

Palabra; predicar; o cantar.

D. Una vez que tienen más o menos claro qué tipo de personas les van a escuchar, la siguiente pregunta es fundamental: ¿De qué les voy a hablar? o ¿de qué les voy a compartir?

A veces ocurre que, por ejemplo, le invitan a una convención, un retiro o una conferencia y les dicen: "Mire hermano, le hemos invitado porque nos gustaría que nos hablara acerca de la obra misionera, o que nos hablara durante unos días acerca de esta o aquella doctrina". Así que, a menos que les digan con anterioridad el tema que tienen que compartir (lógicamente tienen que ceñirse al que les han pedido), tienen que orar para pedirle dirección al Señor. Y en este libro, les explicaré cómo pueden buscar inspiración y temas para compartir con la audiencia.

Así que, lo primero es saber a quién le voy a compartir la Palabra. En segundo lugar, sobre qué les voy a hablar. Y la tercera pregunta, la cual también es muy importante y necesaria que nos la hagamos: ¿Cómo voy a desarrollar el tema que me han pedido, o el tema que el Señor ha puesto en mi corazón que debo compartir?

En ese momento ya estaríamos hablando de las técnicas de lo que es la Homilética: ¿Cómo voy a subir al púlpito? ¿con qué preparación? ¿con qué tipo de apuntes? ¿con qué tipo de bosquejo? ¿qué tipo de mensaje? Más adelante también veremos que hay muchos tipos de mensajes. Les adelanto unas pequeñas pinceladas: está el mensaje doctrinal, el mensaje textual, el mensaje biográfico y el mensaje evangelístico. Es decir, no todos los mensajes son iguales. No es lo mismo hablar de un personaje bíblico, que por ejemplo desarrollar una doctrina: "Hoy vamos a hablar acerca del Espíritu Santo", o "vamos a hablar acerca de la Escatología, es decir, todo lo que tiene que ver con los acontecimientos finales"; o "vamos a hablar acerca de la oración o acerca de la fe".

Por lo tanto, como dije anteriormente, hay diferentes tipos de mensajes y según el tipo de mensaje que vayan a utilizar, pues lógicamente la preparación será diferente.

El poder compartir un sermón, un mensaje o un estudio bíblico es una ciencia. Digamos que es "todo un arte". Y la manera de aprender es predicando. Yo siempre digo que "a conducir se aprende conduciendo" y "a predicar se aprende predicando".

Pero, ¿qué es lo que ocurre? Hay una serie de factores que, en un momento determinado, se pueden volver en contra de la persona que no tiene mucha experiencia predicando. Los nervios "le pueden jugar una muy mala pasada". A lo mejor sube al púlpito, ha estudiado y se ha preparado muy bien, pero llega allí y todo el mirando u observando. Después, se produce un gran silencio y se queda bloqueado. No sabe ni por dónde entrar, ni por dónde salir; ni cómo empezar, ni cómo terminar.

Una de las cosas que les voy a enseñar es a hacer bosquejos. Mi primer consejo respecto a este tema es que cuantos menos apuntes se lleven al púlpito, mejor. Y cuanto mejor los dominen, mejor para ustedes.

El bosquejo o los apuntes, yo los defino de la siguiente manera: "Cuando baje la vista a las anotaciones que usted tiene, esas anotaciones le tienen que ayudar a saber en todo momento: de dónde viene, dónde está y a dónde va. A grandes rasgos, eso es tener, quizá en algunos países no van a entender la Palabra, pero en España decimos la palabra: "chuleta". Una chuleta es un papelito que usted tiene delante suyo y le ayuda a saber: lo que está diciendo, qué es lo que acaba de decir, qué es lo que quiere decir a continuación, y qué es lo que quiere decir dentro de cinco o diez minutos.

Por ejemplo, cuando vamos al supermercado, hacemos una pequeña lista de las cosas que queremos comprar. También, cuando vamos a hablar con una persona por teléfono, una de las cosas que solemos hacer es tener una lista o una serie de cosas que le queremos preguntar a esa persona. Eso es la Homilética, tener el material ordenado de tal manera que usted sepa en todo momento cómo desenvolverse con respecto al tema que le han asignado o con el tema que quiere compartir con la congregación.

Por lo tanto, los apuntes o el bosquejo simple, les van a ayudar en todo momento a saber cómo desarrollar el tema que les han sugerido.

Hay varias maneras de escoger o elegir el tema que tienen que compartir con la congregación que les ha invitado, o con la congregación que pastorean; o con el grupo de jóvenes al que asisten. Por supuesto, la oración es fundamental. Cuando usted ora, el Señor le va a poner en su corazón lo que tiene que hablar.

Pero, a veces, si ha ocurrido algo en el país o en el mundo: una catástrofe, un terremoto, un tsunami, una guerra. En definitiva, algo muy impactante, eso les puede dar pie para preparar un mensaje específico para la congregación.

Entonces, es muy bueno (yo diría que hasta necesario), que la persona que va a compartir la Palabra esté informada de la situación del mundo. No es que tenga que estar todo el día leyendo los periódicos y consultando la prensa, o viendo la televisión. Pero es bueno que usted sepa qué es lo que está pasando en ese país. Porque, en un momento determinado, le puede dar pie para decir: "Miren hermanos, esto que está ocurriendo, me gustaría que supieran que no nos tiene que tomar por sorpresa, porque en la Biblia vemos que todo esto está escrito y es simplemente el cumplimiento de lo que dice en las Escrituras...". Así que estar informado, ver qué es lo que está pasando a su alrededor, le puede ayudar en un momento determinado a buscar o preparar un tema para desarrollarlo en la iglesia.

Hay otros momentos en los que usted se dará cuenta que hay una necesidad concreta. Por ejemplo, que hace falta orar más, o evangelizar más; o hacer un énfasis sobre la importancia del evangelismo; o a ser generoso; o a estar más unidos. Entonces, la necesidad del momento también les puede inspirar o motivar a decir: "Bueno, hoy voy a predicar sobre este tema porque siento en mi corazón que es lo que la iglesia o este grupo está necesitando en este momento". Pero, no solamente se pueden enterar de algo importante que ha ocurrido a través de una noticia, del periódico, o de la televisión. Sino que, a veces, se darán cuenta que hay una tremenda necesidad en ese grupo, y les pueden ministrar de una manera más específica a través de la Palabra.

Otro punto que también es muy importante, es que cada día tengan su tiempo de relación con el Señor, de lectura bíblica; su devocional. Y en esos momentos en los que estudian la Escritura a nivel personal, a través del Espíritu Santo, el Señor les puede mostrar que ese tema que están estudiando y que les está ministrando o impactando fuertemente en su corazón, pues es el que deben compartir con la congregación. Así que, muchas veces, "sin querer", su propio estudio bíblico o devocional les puede inspirar o motivar a llevar ese tema a la congregación que les ha invitado, o a la congregación que están pastoreando en ese momento.

Una vez que tenemos claro a quién le vamos a hablar y de lo que vamos a hablar, lo siguiente es construir o desarrollar el mensaje de manera ordenada; con el fin de que sea de bendición para todas las personas que lo van a oír.

Siempre es muy importante que todo mensaje esté avalado por la Palabra. Si usted está estudiando un texto bíblico, digamos un capítulo, y quiere hablar de él, pues tiene el material en la Palabra misma. Pero, digamos que, si primeramente usted tiene el tema, pero no tiene el texto. Por ejemplo, si quiere hablar del amor de Dios, pues tendrá que buscar versículos que hablen claramente acerca del amor de Dios. Si quiere hablar de la fe, tendrá que buscar versículos que hablen de la fe, etc.

Por ese motivo, hay una serie de herramientas que creo que toda persona que vaya a compartir la Palabra tiene que utilizar:

I.   Yo sugiero que todo predicador, toda persona u obrero que quiera prepararse para servir al Señor, debería tener una buena concordancia[6].

Porque en la concordancia usted puede buscar todos los versículos de la Biblia que hablan del amor, de la fe, la esperanza, la muerte, la vida, etc. Y puede elegir el versículo, los versículos o los pasajes que le van a ayudar a construir el mensaje.

Por lo tanto, nunca hablen de un tema sin tocar la Biblia. Hoy en día, lamentablemente está de moda que la gente hable y hable, cuente chistes y anécdotas en el púlpito, pero prácticamente ni usen la Biblia. Yo soy de la opinión de que el mensaje que cualquier persona vaya a compartir, tiene que estar lleno de la Palabra de Dios. Uno puede contar alguna anécdota o alguna experiencia personal, e ilustración. Pero, sobre todo, los mensajes tienen que estar llenos de contenido bíblico. Que todo lo que usted vaya a decir, esté avalado por la Palabra. Así que uno puede contar alguna cosa que le haya llamado la atención, pero la Biblia

_____

[6] Índice de todas las palabras de un libro o del conjunto de la obra de un autor, con todas las citas de los lugares en que se hallan (Real Academia Española, f. pl., definición 3).

tiene que estar por encima de cualquier otra cosa.

Cuando el Señor Jesucristo estaba en aquel periodo prolongado de cuarenta días de ayuno y oración, y fue atacado por el diablo, usaba la Palabra. Y esa debe ser una de nuestras principales características: obreros que utilizan bien la Palabra de Dios; que no la manipulan; que no la tergiversan. Si la afirmación o declaración que usted va a decir, no está avalada por la Palabra, es mejor que no la diga. Porque si no puede demostrar lo que está diciendo con la Palabra, ¿a qué se aferra? ¿sobre qué está usted edificando su argumento? ¿sobre una opinión personal?

Por supuesto que podemos dar una opinión personal en un momento determinado, pero no nos olvidemos que lo que tenemos que predicar no son nuestras opiniones personales. Lo que tenemos que predicar es la Palabra, lo que dice la Biblia.

II.   Cuando escoja el texto, intente que sea lo más claro posible.

Usted tiene que dominar y conocer bien el texto que ha escogido. Sería muy interesante recurrir a la lengua original en la que se escribió dicho texto. Si se encuentra en el Nuevo Testamento sería en griego, y si está en el Antiguo, sería en hebreo. Además, sería muy bueno que, con el texto original, analizara qué es lo que el autor quiso decir. Si hay alguna palabra clave en el versículo, analícela, estúdiela, desmenuce el texto. Para que cuando usted llegue a la plataforma, mejor que le sobre material a que le falte.

Los textos tienen que hacer referencia al mensaje que usted va a compartir. Insisto, si va a hablar del amor de Dios, no escoja un versículo que hable de otra cosa. Por ejemplo, Juan 3:16 sería un versículo excelente para hablar de ese tema. Pero, por ejemplo, Génesis 1:1 no. Ese versículo le puede servir para otra cosa, pero no para hablar del amor de Dios. Uno puede "amañarlo", puede darle alguna vuelta o alguna explicación, pero es mejor que para no estar retorciendo el versículo, si va a hablar del amor de Dios, escoja versículos que hablen de ese tema de la manera más clara posible. Porque usted tiene que tener muy claro el tema del que va a hablar.

III.   El propósito por el que quiero dar este mensaje: "¿A dónde apunto?".

Cuando termine de compartir la Palabra, yo quiero que la gente diga: "este hermano habló de tal cosa". Y no que digan: "Pues mire, no tenemos ni la más remota idea de lo que este hermano habló".

Una de las cosas que voy a enseñar es hacer bosquejos sencillos, tres o cuatro puntos con sus correspondientes subpuntos, para que sepan en todo momento cómo utilizar el texto. Hay una manera muy fácil de preparar un mensaje, y es haciéndole preguntas al texto.

Si escogemos un versículo, por ejemplo, el libro de Hebreos 11:1, el cual nos da una definición bíblica de la fe, pues dice: *"La fe es la certeza de lo que se espera, la convicción de lo que no se ve".* Entonces, si le preguntáramos cosas al texto: ¿Qué es la fe? Diríamos que la fe es certeza, convicción. Después podríamos decir: "¿Y para qué sirve la fe?". Y ahí usted podría poner todos los puntos que quiera: "Para vivir una vida cristiana victoriosa, para obtener respuestas a nuestras oraciones, etc.". Y de esta manera le va "sacando el jugo" al texto.

Pero, también lo puede abordar de manera inversa: "Hermanos nosotros sabemos lo que es la fe, pero hay gente que a veces confunde la esperanza, la ilusión, o cosas que no tienen absolutamente nada que ver con la fe. Y no es lo mismo. Así que yo quiero explicar lo que es la fe y también quiero dejar bien claro lo que no es la fe".

"¿Qué es? ¿qué no es? ¿para qué sirve? ¿para qué no sirve?": Haciéndole estas preguntas al texto, el mismo texto le dará las respuestas y luego usted puede ir apuntando los primeros puntos sobre el tema de la fe.

Más adelante, dice que "sin fe es imposible agradar a Dios". ¿Cómo podemos agradar a Dios? Pues el mismo texto se lo dice: teniendo fe. Lo cual quiere decir que, si no tenemos fe, no agradaremos a Dios. Entonces, ahí hay dos vertientes:

a. "Hermanos, si ustedes quieren agradar a

Dios, si usted quiere hacer las cosas decentemente y con orden, si quiere hacer la voluntad de Dios, usted tiene que tener fe. Pero una fe bíblica, sana, correcta; una fe con las condiciones y las características bíblicas".

b. "Si usted no está viviendo su fe o su relación con Dios conforme a lo que le acabo de decir, usted no va a agradar a Dios. Y si usted no agrada a Dios, pues aténgase a las consecuencias".

Por lo tanto, el mismo texto le da la opción de hablar de la parte positiva y de la parte negativa. Y así usted tendrá bastante amplitud para poder desarrollar, en este caso, el tema de la fe. Si no es el tema de la fe y es otro tema, pues procure siempre que el texto sea lo más claro posible.

Respecto al propósito del mensaje, lo que quisiera dejar claro, es que después de escucharlo, las personas tienen que sentir la necesidad de orar y estudiar más la Palabra. Usted tiene que tener bien clara la meta, porque si usted les ha estado hablando durante media hora o tres cuartos de hora, pero no tenía claro a dónde quería llevar a la audiencia... Entonces, plantéese a nivel personal qué es lo que usted pretende con ese estudio, y debe orar para que pueda conseguir esa meta.

IV.   Antes de llevar sus apuntes al púlpito, ordénelos.

Me gustaría contarles una anécdota sobre un amigo mío que una vez subió al púlpito, y se llevaba un montón de papeles sin haberles puesto una pequeña numeración. Una vez, cuando fue a subir al púlpito se tropezó y todos los papeles salieron volando, y el pobre después no supo ordenarlos. En consecuencia, si no recuerdo mal, creo que empezó por el final y terminó por el principio. Tuvo una confusión tremenda.

Así que, los apuntes siempre tienen que estar escritos con letra clara, de manera que usted pueda entender perfectamente lo que dice en ellos. Ya sea que escriba con ordenador o con bolígrafo, las letras deben estar bien claras. Y si tiene algún problema como falta de visión, amplíe un poco el tamaño de la letra para que después no tenga problemas a la hora de leer.

Si tiene, por ejemplo, el mensaje en su cabeza, o en su corazón, tiene que primeramente ordenar cómo va a empezar. Eso sería la introducción. La cual no tiene que ser demasiado larga, ni tampoco demasiado ostentosa: "Hoy les voy a predicar el mejor sermón que ustedes han escuchado en toda su vida". "Jamás en la vida han escuchado algo tan interesante como lo que yo les voy a decir". Si hace eso, estará poniendo una expectativa tan elevada, que a lo mejor después no la va a poder cumplir.

Veamos algunos ejemplos de una introducción breve, corta, y "sin rodeos":

a. "Buenas tardes hermanos, buenos días, etc. En esta tarde siento en mi corazón o me han pedido que hable tal tema. Y bueno, el tema que voy a desarrollar es este. Y vamos a comenzar leyendo esta pequeña porción bíblica. Les voy a hacer una introducción fácil y sencilla".

b. "Hermanos me gustaría, antes de compartir la Palabra del Señor con ustedes, hacer una pequeña oración para que el Señor nos dirija en esta tarde".

c. "Hermanos, antes de compartir el mensaje en esta tarde, quiero decirles que esta mañana en el periódico salió esta noticia y me gustaría leerla rápidamente (y lee la noticia). ¿Se dan cuenta? Hasta el mundo, o las noticias del periódico a veces nos ayudan a darnos cuenta de que la Biblia es la Palabra de Dios, es la verdad. Y precisamente hoy, utilizaré esta noticia para tal pasaje, con el fin de demostrarles que la Biblia ya se anticipaba en el tiempo, diciéndonos esto que acaba de ocurrir hoy".

V.   Pueden contar alguna anécdota.

A veces, los americanos suelen utilizar una pequeña broma, un chiste. Yo no soy muy partidario de hacer demasiadas bromas o chistes en el púlpito. Porque he visto que, en muchas ocasiones, el púlpito se convierte en algo como para que la gente se divierta, se ría y lo pase bien. Y yo soy muy respetuoso en ese sentido.

Usted puede contar una pequeña anécdota, puede ser algo que provoque algo de gracia, pero no se pase mucho con el tema de los chistes. Y, sobre todo, les pido encarecidamente que jamás hagan chistes con cosas de la Biblia.

Muchas personas hacen chistes con elementos de la Biblia. Ya ni les cuento sobre la gente que hace bromas o chistes con la figura de Jesús o con otros personajes de la Biblia. Esto a mí personalmente no me agrada, y no lo practico.

En mi opinión, no creo que sea lo más indicado, porque debemos dar una imagen digna y seria de la Palabra y del Señor. Y no se olvide que en ese momento usted va a ser el vocero de la Palabra de Dios. Por lo tanto, no baje el nivel de seriedad en cuanto a la Palabra, porque eso al final se puede volver en su contra.

VI.   Sería muy bueno que tuviera en cuenta el primer punto que va a desarrollar.

Por ejemplo, supongamos que usted va a hablar, como dijimos anteriormente, de la fe: "Bueno hermanos, el versículo que les quiero leer es Hebreos 11:1 y el tema va a ser la fe".

Alguien me dijo una vez, que sería bueno, sobre todo para los que comparten de vez en cuando o no muy a menudo, que les pidieran a tres o cuatro personas de confianza suya, que tomaran algunos apuntes mientras usted está compartiendo. Y que después, con toda honestidad y sinceridad, le digan lo que ellos consideran oportuno.

Por ejemplo, hay personas que repiten mucho ciertas palabras o expresiones, y no son conscientes de ello. Así que sería bueno que a estas personas les dijeran: "Mire hermano, perdone, pero está todo el tiempo diciendo esta y aquella palabra... y usted no se da cuenta".

VII.   Otras personas, lo que suelen hacer es grabarse.

Yo lo hacía al principio, y cuando lo veía, me parecía horrible tanto mi voz como lo que había dicho. Pero esto le ayudará muchísimo a corregir errores o fallos. Cuando se escuche, tal vez se de cuenta que a lo mejor no fue la forma correcta de empezar o terminar, etc.

Hay personas que predican demasiado rápido, que pareciera que tienen prisa por terminar. Como también hay gente que comparte demasiado lento. Así que, verse a sí mismo le puede ayudar con estos temas. Algo más en cuanto a la organización del mensaje, es que hay predicadores que tienen la tendencia de decir: "Bueno, esto es lo último que les voy a compartir". Y todavía le quedan treinta y cinco minutos de mensaje. Y después vuelven a decir: "Bueno, ya estoy terminando, esto es lo último que les voy a decir". Y no terminan "nunca".

Por lo tanto, no caigan en el error de anunciar que ya están terminando, pero todavía les quedan treinta o cuarenta minutos para seguir hablando. Resérvense el "ya estoy terminando" o "esto es lo último", para cuando realmente sea así. Por que la congregación le puede decir: "Pero hermano, esto ya lo ha dicho cinco veces, y no termina nunca".

VIII.   Otra de las cosas que también observo que ocurre muchas veces es el tema de las versiones.

Hace años, cuando se predicaba desde el púlpito, generalmente, la congregación tenía la misma versión de la Biblia que el predicador. Pero hoy en día, como hay tantas versiones (que ya me parece a mí que son demasiadas las que hay). Yo pienso que sería muy bueno, si van a leer o utilizar una versión diferente, que lo digan: "Miren hermanos yo en determinados textos, para enriquecer el mensaje, he utilizado o voy a utilizar tal versión de la Biblia".

Es importante mencionarlo, pues puede crear confusión que usted esté leyendo en una versión, y la congregación le esté tratando de seguir la lectura con otra versión. Esto al final puede ser un problema. Entonces, para evitar eso puede decir: "Miren hermanos, yo hoy tengo esta versión, y voy a utilizarla para leer ciertos y determinados versículos. Pero quiero que sepan, que también tengo la misma versión que ustedes, y también podemos leerla". Pero no abuse mucho con el tema de las versiones, porque le digo sinceramente, yo no creo que sean necesarias tantas versiones como proliferan en el mercado hoy en día. Porque hay versículos que parece que por querer ponerlo más "sencillo", le quitan riqueza al texto bíblico. Y no nos olvidemos que la Biblia tiene una riqueza que no se debe quitar, pues puede llegar un momento en que parezca que esté contando un tebeo u otra cosa, en lugar de la Palabra de Dios.

IX.   Es necesario que nos familiaricemos con el lenguaje bíblico.

Si va a leer o a compartir algún versículo donde hay alguna palabra, la cual no conoce su significado, yo le aconsejo que la busque. Por ejemplo, yo al principio tuve que utilizar mucho el diccionario, porque había palabras que no conocía.

Es bueno que conozcan el significado de todas y cada una de las palabras del texto que van a leer. Hay versículos donde aparecen palabras que no se suelen utilizar en nuestro vocabulario de cada día. Pero les sugiero que las busquen por si en algún momento determinado alguien les pregunta: "Hermano, usted leyó este versículo y en ese versículo decía tal palabra, ¿qué significa esa palabra?". Si usted ha compartido un mensaje sobre una porción, y ha tenido días para prepararse, busque las palabras que no suelen ser muy utilizadas en el lenguaje común o cotidiano para que, si le en algún momento determinado le preguntan sobre una palabra, usted sepa responder.

X.   Nunca prediquen sobre temas que no dominen.

No quieran impresionar a la gente compartiendo un tema que usted en el fondo no entiende, no domina, o no lo controla bien. Procure compartir sobre cosas que conozca. Procure compartir sobre textos sencillos. No se "enreden" mucho a la hora de explicarlo.

Y, sobre todo, si ustedes están por así decirlo, empezando, procuren evitar temas doctrinales. Procuren buscar temas más bien prácticos y no tanto temas doctrinales, porque a veces con el tema de la doctrina, pues podemos tener problemas. Porque si no dominamos bien el tema, podemos estar enseñando algo que no es realmente así.

Y luego puede venir otra persona y decir: "Miren hermanos, aquello que dijo tal persona no era exactamente así". Así que procuren no meterse en problemas sin necesidad.

XI.   En la Biblia hay muchos imperativos.

Procuren respetar los imperativos al pie de la letra. En la Biblia, éstos no son cuestionables y tienen que predicarlos tal cual aparecen allí. Por ejemplo, cuando la Palabra dice: "No matarás"; "no os embriaguéis con vino"; o "sed llenos del Espíritu Santo".

No traten de rebajar el imperativo o la orden que se da en ese momento. Porque si la Biblia enfatiza eso con un "no", o como algo que hay que hacer, hay que respetarlo.

XII.   Hay versículos que son preguntas.

Se trata simplemente de preguntas que no se pueden predicar como un mandamiento, una promesa, o una orden. Sino simplemente como una pregunta que el Señor está haciendo en ese momento.

Veamos, por ejemplo, cuando en Cesarea de Filipos, Jesús les dijo a sus discípulos: "¿Qué dice la gente de mí? ¿Qué opinan los hombres de mí?". No es que cada uno pudiera opinar lo que quisiera, sino que en ese momento el Señor quería saber por boca de sus discípulos qué es lo que se decía acerca de Él, y comprobar si esas opiniones "distintas" habían tenido alguna influencia en ellos o no.

Una vez que ellos dijeron: "Bueno, pues hay gente

que dice que tú eres Jeremías, o que tú puedes ser Juan el Bautista, o esto o aquello...". La pregunta del Señor Jesucristo fue: ¿Y yo quién soy para ustedes?

Así que, en el texto siempre hay que respetar: a quién se le dijo, por qué se le dijo; si es un imperativo; si es una declaración; si es algo histórico; si es una profecía; si es una promesa a una persona o es una promesa a nivel general; etc. Todas estas cuestiones hay que estudiarlas muy bien antes de subir al púlpito, para no decir barbaridades o cosas que no son realmente así.

XIII.   Otra de las cosas que tienen que tener siempre presente es que "nunca obtengan sus sermones de internet".

¿Por qué digo esto? Una vez hablaba con una persona sobre este tema y me decía: "Hombre, lo fácil es meterse en internet y buscar el tema que usted quiera, sea el que sea". Y continuaba diciendo: "copia y pega, copia y pega". Y yo le contesté: "Pero... usted no "ha hincado los codos", porque usted no ha estudiado; ni siquiera ha buscado los textos bíblicos, sino que ha dicho: "Mire, esto me gusta, entonces lo corto y lo pego aquí. Entonces, como ya tengo mi bosquejo, me puedo subir al púlpito".

Y a mí no me gustaría que ustedes hagan lo mismo, porque esa manera de proceder es de holgazanes. Eso es predicar de lo que otros han dicho, o compartir de lo que otros han enseñado, los cuales lo suben a una página de internet y el trabajo ya está prácticamente hecho. ¡No! el mensaje se lo tiene que preparar usted mismo. Puede consultar o buscar alguna cosa concreta en internet, pero jamás saque un mensaje de allí. Que lo copia y lo pega, lo imprime y se va al púlpito. No se acostumbren a eso, porque no es la manera correcta de preparar un mensaje.

Y, como mencioné en el capítulo anterior, cuando tenga la oportunidad y el privilegio de compartir la Palabra, lo primero que debe hacer es dar gracias a Dios porque le ha permitido compartir en ese lugar. Eso es lo primero. Después ya vienen las preguntas, las cuales también hemos estudiado en el capítulo anterior. Es una tremenda responsabilidad el compartir la Palabra de Dios ya sea en un culto de jóvenes, en una iglesia, en un campamento, o en cualquier otro lugar.

XIV.   Otra de las cosas que voy a insistir hasta la saciedad es que hablen el mismo lenguaje de la gente que le escucha.

Es decir, usen el lenguaje del lugar en el que viven. No utilicen términos, expresiones o palabras que la gente no entiende. Y, ¿qué es lo que deben hacer? Pues familiarizarse con la manera de hablar del lugar en el que van a compartir.

Por ejemplo, cuando fui con mi familia a vivir y a predicar a Argentina, había ciertas y determinadas palabras que, para mí, aquí en España eran normales, pero que para ellos eran ofensivas.

Sería inconcebible que supiera que ciertas palabras no se pueden utilizar, pero por querer hacerse el gracioso, las utilice. Porque en vez de establecer un puente de comunicación con ellos, lo que estaría haciendo es levantar una barrera. Así que no utilice expresiones que la gente no entiende.

A mí sinceramente me da tristeza y hasta rabia que una persona que lleva toda la vida viviendo en un lugar, todavía no sepa cuáles son las expresiones o palabras que allí se usan o no se usan; las que se pueden utilizar y las que no. Porque uno de los principios fundamentales para servir a Dios, es la capacidad de adaptación. Donde usted vaya, se tiene que adaptar a lo que hacen en ese lugar. Y si no, disculpe la expresión, pero quédese en su casa. Así de claro. Cuando vaya por ejemplo a Argentina, sea un argentino más. Aprenda qué palabras o qué modismos utilizan, porque a la hora de compartir la Palabra, lo más importante es que le entiendan.

Existen varios tipos de lenguaje. Por ejemplo, el lenguaje bíblico, el cual yo pienso que se entiende en todas partes. Pero también, hay un lenguaje coloquial. Hay palabras o expresiones que se dicen aquí en Canarias donde yo vivo, pero que a lo mejor en la isla de enfrente no se dicen; o que no se utilizan en la Península y viceversa. Y esto es lo mismo que puede ocurrir en Cuba, Venezuela, Colombia... o en muchísimos países. Así que cuando usted vaya a compartir la Palabra, procure "empaparse" de ese lenguaje de tal manera que cuando lo utilice la gente le entienda.

Entonces, tenemos, por una parte, el lenguaje, digamos, cotidiano o popular. Y por otra, el lenguaje teológico. Porque también hay personas que utilizan una serie de términos que son muy teológicos y sofisticados, pero que no comunican nada, porque la gente no sabe de lo que están hablando. Por ejemplo, muchos cristianos o muchos miembros de iglesias, no conocen las definiciones de ciertas palabras. A lo mejor usted sí porque las ha estudiado o las ha buscado en el diccionario, y sube al púlpito preparado. Pero cuando utilice términos que no son de uso común o que no se emplean habitualmente, explique cada término que está utilizando. Porque le digo una cosa, ¿de qué le sirve utilizar repetitivamente una expresión o una palabra que en el fondo la gente que le está viendo no conoce? No tiene ningún sentido.

Así que, procure adaptar el lenguaje al lugar, al momento y a las circunstancias. Además, busque las definiciones de las palabras complicadas, tanto bíblicas como extra bíblicas. Por ejemplo, la palabra "redención", ¿qué significa realmente esta palabra? ¿Es lo mismo que "justificación" o "propiciación"? Son palabras que no se utilizan en el lenguaje cotidiano, pero que están en la Biblia.

Muchas veces, incluso estando en la Biblia muchos cristianos ni siquiera las conocen. Por lo tanto, cuando no conozca algún término, una de las herramientas que debería tener es un buen diccionario bíblico. Para que cuando vaya a predicar sobre un versículo, una palabra, o un término que no domine muy bien, pueda estudiar la etimología de esa palabra. De dónde viene esa palabra y por qué se utilizaba, etc. Para que cuando suba al púlpito no diga una incongruencia, como cuando muchas veces se utiliza un término y no tiene nada que ver con lo que se está diciendo o con el significado primitivo u original de la palabra.

XV. Otra de las reglas fundamentales, independientemente de la preparación (de buscar las palabras, etc.), es el compromiso del que va a predicar.

¿A qué me refiero cuando digo "el compromiso"? Cuando usted se sube a una plataforma o a un púlpito a predicar, es inevitable que la gente le mire. Es más, el hecho de subirse implica que la gente le va a mirar. Entonces, tiene que vigilar su apariencia física. Porque si su apariencia física está distrayendo a la gente del mensaje, usted tiene un problema.

La mayoría de las veces, la gente está más pendiente de la camisa, del botón, de la cremallera, de los zapatos, del peinado, de esto o de aquello, que del mensaje que se está compartiendo. Incluso, en muchas ocasiones he visto que mensajes muy buenos se han diluido y no han producido el efecto que podía haber producido en la persona, debido a que el predicador no subió adecuadamente a la plataforma. Así que, usted se tiene que dar cuenta de que no solamente va a transmitir un mensaje, si no que va a transmitir un estilo de vida, una apariencia. La gente se va a fijar en usted sí o sí, es inevitable. Por lo tanto, comprométase cuando vaya a algún lugar. Infórmese previamente si la forma como va a ir vestido es ofensiva, si le va a abrir las puertas o se las va a cerrar de golpe.

Por ejemplo, yo he ido a iglesias donde me han dicho: "Hermano, aquí en esta iglesia la norma es que el que predica se tiene que poner corbata". Y les dije: "Muy bien, pues me pongo corbata". Pero otro día fui a predicar a unas conferencias internacionales y el organizador (que era el presidente de esa denominación), cuando me dirigía hacia la plataforma para predicar, me dijo: "Hermano ¿usted va a predicar con corbata?". Le dije: "sí". Y me dijo: "Es que nosotros aquí no usamos corbata. Yo le pediría que por favor no la use". Así que inmediatamente me la quité. Por lo tanto, lo que es normal en un sitio no es normal en otro.

Una cosa es cuando usted está en su congregación, donde ya más o menos sabe cómo subir, cómo hablar, cómo comportarse, cómo vestirse, etc. Y otra cosa es cuando usted va de visita a otra iglesia, incluso en otro país. Así que, primeramente, infórmese. "¿En esta congregación es necesario que la gente predique con corbata? Es que yo nunca la he usado". Pues si es así se la tiene que poner, y si no le gusta, váyase a su casa. Como dije anteriormente, el que va a un lugar, se tiene que adaptar a ese lugar.

Imagínese que, a una mujer, en un campamento de jóvenes o en otro lugar, le dicen: "Usted podría compartir su testimonio, o algún mensaje". Y le dicen: "Pero mire, aquí en esta congregación la norma es que las mujeres siempre tienen que ir con falda". Y ella responde: "Ah no, pues yo nunca la he usado". Entonces, como ya se pueden imaginar, si esta mujer no se pone falda, no va a poder compartir el mensaje en esa congregación. El simplemente hecho de decir: "Ah no, pues yo no me pongo corbata; yo no me afeito; yo no me pongo pantalón largo; camisa larga u otra cosa...". El hecho de negarse o que le suene mal, significa que usted tiene un problema personal. Y yo creo que cuando usted tiene un mensaje que Dios le ha puesto en su corazón, usted paga el precio que sea necesario para poder compartirlo.

En la Biblia tenemos un excelente ejemplo y es el del apóstol Pablo. El apóstol Pablo fue un hombre que salió de las fronteras de su país y fue a lugares donde la cultura, la comida, la idiosincrasia, las palabras, las religiones, etc., todo era diferente. Y él, ¿qué llegó a decir?: "Yo me hago a los griegos como griego, y me hago a los judíos como judío. Sé adaptarme al lugar al que voy, y hago lo que tenga que hacer con tal de ganar un alma para Cristo" (*cf.* 1 Cor. 9:20-22).

Si usted no es capaz de adaptarse, entonces probablemente el Señor nunca podrá llevarle a otros lugares, y siempre estará en su "pequeño mundo" o en su pequeña parcela.

Usted tiene que ser capaz de adaptarse a otro ambiente, a otro clima, a otras palabras, o a otro idioma si es necesario. Es muy importante que tenga en cuenta todas estas cuestiones.

Segundo capítulo: el bosquejo simple

Cuando una persona tiene la oportunidad de compartir la Palabra, tiene que tener (a menos que posea una memoria privilegiada y mucha desenvoltura), un mínimo de apuntes, o lo que llamamos bosquejo. Hay diferentes tipos de bosquejo, según el tipo de mensaje que vaya a dar.

Como mencioné en el capítulo anterior, existe el mensaje de tipo biográfico: que está basado en la vida de una persona, la cual puede ser buena o puede ser mala.

Por ejemplo, podemos hablar de Judas, o podemos hablar de Abraham. Incluso podemos hablar hasta del diablo y describir las características que la Biblia nos proporciona acerca de él.

Así que, dependiendo del mensaje que usted vaya a dar, tendrá que prepararse de una manera u otra. No es lo mismo correr un kilómetro que correr cincuenta kilómetros. Lógicamente, la preparación es diferente.

En la siguiente imagen pueden ver el modelo de bosquejo simple:

Bosquejo simple

1. Pasaje o texto
2. Tema
3. Título
4. Introducción
5. Puntos principales
6. Subpuntos
7. Conclusión

Todos los bosquejos, incluido el anterior que es el simple, tienen que tener lo siguiente: un texto, un tema, un título (este no es necesariamente obligatorio, aunque veces cuando se está grabando la predicación hay que decírselo a la persona que está grabando, porque seguramente lo va a poner en la pantalla mientras esté predicando). Además, una introducción (de la cual hablaremos a continuación), los puntos principales, los subpuntos o divisiones, y la conclusión.

Esto le va a ayudar muchísimo para predicar de una forma ordenada. Porque simplemente bajando un poco la mirada hacia su bosquejo, como usted ya preparó el mensaje con anterioridad, lo ha practicado e incluso hasta lo ha memorizado, ya sabe perfectamente de lo que va a hablar porque ha tenido tiempo para prepararlo. Lo que no puede ser es que, si le invitan a predicar la semana que viene, usted se prepare ese mismo día por la mañana. Tiene que tener una preparación previa. Cuando usted mire sus apuntes, tiene que saber de dónde viene, dónde está y a dónde va. Es decir, no puedo ir del punto número uno al punto tres. La Homilética y preparar el bosquejo simple, le ayudarán a predicar de una forma progresiva.

Es como cuando uno quiere subir a una montaña, tiene que ir paso a paso, poco a poco. Incluso, dependiendo de la altura de la montaña, tendrá que acampar unos días para que su cuerpo se adapte, para que no suba de golpe y pueda sufrir mareos u otro malestar. Con el mensaje ocurre exactamente igual. No se puede dar toda la información al principio, porque lo que usted ha estudiado durante toda una semana, a lo mejor es la primera vez que la gente lo va a oír. Entonces tiene que ir poco a poco, de manera escalonada, así como los peldaños de una escalera: de un punto a otro punto.

Y, finalmente, la conclusión. La conclusión no es repetir todo lo que he dicho. La misma Palabra lo dice, es una conclusión del tema principal que he dado.

I. CLAVES PARA PREPARAR EL BOSQUEJO
    SIMPLE

Ahora bien, ¿cómo preparamos el bosquejo simple? Vayamos a la Biblia y busquemos, por ejemplo, un versículo muy conocido del Nuevo Testamento. El cual se encuentra en el Evangelio según San Juan, capítulo 14, versículo 6: *"Jesús le dijo: Yo soy el camino, y la verdad, y la vida; nadie viene al Padre, sino por mí"*. En este capítulo, se relata la conversación que el Señor Jesucristo mantuvo con algunos de sus discípulos. Vemos las preguntas que le hacen y las respuestas que Él les da. Entonces, si usted por ejemplo va a predicar sobre Juan 14:6, debería leerse primeramente todo el contexto del capítulo: ¿A quién le dijo eso?, ¿por qué se lo dijo?, ¿qué pregunta fue la que recibió el Señor?, ¿qué respuesta fue la que le dio el Señor? (que no solamente es la del versículo 6, sino la del versículo 7, etc.).

Usted tiene que "empaparse" de toda la conversación. Y después, si usted quiere utilizar el versículo 6 como base para el mensaje, eso es otra cosa. Pero insisto, usted se tiene que leer todo el capítulo. El texto del que usted va a hablar sería Juan 14:6. Si solo va a compartir sobre ese versículo, pues debería aprendérselo de memoria.

➢ Teniendo ese versículo frente a nosotros, yo les pregunto a ustedes a continuación:

¿De qué tema podrían hablar? Porque Juan 14:6 les da pie para hablar de muchas cosas, o de muchos temas. Pero escojamos uno y pongámoslo aquí en nuestro bosquejo simple:

- ¿Qué tema podríamos tocar con esa respuesta que el Señor Jesucristo le da a Tomás?
- ¿Cuál es el camino verdadero? o ¿cuál es la verdad?

El versículo menciona tres palabras claves: "camino", "verdad" y "vida". Se pueden elegir cualquiera de las tres palabras sin ningún problema. ¿Sugieren algún título para este mensaje? Imagínense que les toca compartir y la persona que les va a grabar les dice: "¿Me podría decir el título del mensaje para ponerlo en la pantalla?". El título ideal para este mensaje podría ser: "El camino verdadero".

➢ En cuanto a la introducción, en el capítulo anterior mencioné que no tiene que ser demasiado larga, o demasiado extensa. Ni tampoco deben prometer cosas que luego no van a cumplir. Debe ser sencilla y sin rodeos. La introducción no es el mensaje propiamente. Es, digamos, simplemente el puente entre el tema y el desarrollo del mensaje. No siempre tiene por qué ser igual.

152

Las maneras de introducir el mensaje pueden ser muy variadas o distintas, y lo bueno sería que practiquen diferentes formas de introducir el mensaje, para poder desarrollar bien el tema.

➢ El primer punto les va a dar pie para desarrollar parte del mensaje que van a dar:

1) Caminos equivocados.

Yo no les recomiendo, como a mí me exigían cuando estudié Homilética en la escuela bíblica, que se escriba todo el mensaje, palabra por palabra. Eso no es nada práctico. Porque a la hora de la verdad, va a ser un estorbo más que una ventaja.

Entonces, usted sabe o debería saber perfectamente lo que quiere decir con el tema: "Caminos equivocados".

Solamente son dos palabras, pero voy a enumerar tres más:

A. Religión.
B. Obras.
C. Dinero.

Fíjense que, con tan solo las dos palabras del primer punto, más las tres palabras de los subpuntos, usted puede desarrollar el tema durante bastante tiempo. Aunque sin olvidar que usted tiene el punto número dos, número tres, número cuatro, número cinco, etc. Y que no se puede alargar durante una cantidad de tiempo excesiva. Porque si el mensaje va a ser muy extenso, a menos que usted sea un predicador con mucha desenvoltura y vea que la gente está muy pendiente, lo mejor es que lo organice en varias partes. Porque lo que usted no puede pretender es que la gente permanezca durante dos horas sentada. Ya que, por ejemplo, seguramente habrá estado distraída desde hace más de 45 minutos.

Así que esto es, simplemente, una parte de un todo.

➢ Por ejemplo, para enunciar dichas partes puede decir: "Miren hermanos, antes de hablarles del camino verdadero, quisiera detenerme brevemente para mencionar varios caminos equivocados que la gente toma creyendo que son caminos correctos".

➢ Además, uno puede, por supuesto, reforzar este punto con un versículo. No hay ningún problema. Por ejemplo: "Hay caminos que al hombre le parecen derechos, pero su fin son caminos de muerte" (*cf.* Prov. 14:12).

➢ Y puede continuar diciendo: "Efectivamente hermanos, este versículo que les acabo de leer para hablar de los caminos equivocados o erróneos, uno de ellos podría ser la religión. ¿Se han dado cuenta de cuántas religiones ha inventado el hombre? ¿Cuántos tipos de religiones hay? ¿Cuántos dioses? ¿Cuántas formas diferentes de buscar la verdad?

➢ Seguidamente, puede enumerar algunas religiones: "Miren el islam, cuyas características son... El budismo... etc. ¡Qué cantidad de religiones! ¿Verdad? Unos dicen de una manera, y otros dicen de otra".

➢ Eso le dará pie para desarrollar el mensaje que quiere transmitir, por ejemplo: "Pero son caminos equivocados, porque el camino no es la religión". "Hay otras personas que piensan que el altruismo, las obras; el ayudar; la obra social; el hacer cosas; etc. pues que eso les va a ayudar a llegar a Dios. Y no es que eso no sea importante, claro que lo es, pero, por ejemplo, como dice Efesios 2:10: "Las obras son el resultado de estar en Cristo": *"Porque somos hechura suya, creados en Cristo Jesús para buenas obras, las cuales Dios preparó de antemano para que anduviésemos en ellas"*. Y no es que las obras sean lo principal, dejando a Cristo de lado. ¿Cuánta gente hay que ignora la religión y las obras, pero que se centra en el dinero, en su patrimonio, en el tener, el comprar... porque eso les da una cierta seguridad?

➢ Y finalmente, puede citar otro ejemplo más claro todavía: "Llegados a este punto, quisiera mencionarles, mis queridos hermanos, que hubo un hombre en la Biblia del cual habló el Señor Jesucristo, que tenía mucho dinero y todas sus necesidades materiales estaban cubiertas. Pero una noche, la muerte vino a buscarle y Dios le dijo: "Necio, ¿para qué tienes todo lo que has atesorado si esta noche tienes que entregar tu vida y partir a la otra? *"Pero Dios le dijo: Necio, esta noche vienen a pedirte tu alma; y lo que has provisto, ¿de quién será?"* (Lc. 12:20).

Por lo tanto, simplemente con tres palabras y aplicando estos principios, usted podrá hablar por lo menos durante cuarenta y cinco minutos o una hora. Porque cada palabra le dará pie para hablar de muchas cosas.

Una vez que haya mencionado todo lo relacionado con los caminos equivocados, y haya puesto tres puntos (podrían ser dos, hasta veinte, depende). Entonces seguidamente, cuando baje la mirada hacia su bosquejo, sabrá que tiene un segundo punto.

Y en ese segundo punto puede poner, por ejemplo:

2) Las consecuencias de los caminos equivocados:
   A. Desilusión.
   B. Pérdida económica.
   C. Muerte.

Entonces, cuando ya llegó a este punto, automáticamente mira el papel y ya sabe "de dónde viene". Después, puedes contar anécdotas para rellenar el bosquejo. Por eso se llama "bosquejo simple", porque si usted quiere, puede añadir más cosas. Por ejemplo, su testimonio o una ilustración. Hay libros con cientos y miles de ilustraciones que vienen clasificadas por temas. O si lo prefiere, también puede contar las suyas.

Simplemente con una palabra, fíjense lo práctico que es esto. Es como cuando va al supermercado, usted no pone en el papel: "Tengo que comprar leche desnatada de una determinada marca, y tengo que mirar la fecha de caducidad". Porque simplemente con una palabra, sabe perfectamente lo que tiene que comprar. Con el mensaje ocurre exactamente lo mismo. Cuando ya haya dicho todo lo que quería decir sobre la desilusión, el punto que ha escrito (el b), automáticamente le dice lo que tiene que decir a continuación.

Pero recuerde una cosa, su objetivo era hablar del camino verdadero y todavía no lo ha hecho. Si usted terminara el mensaje ahora, sería un completo fracaso. Por lo tanto, después tiene que hablar del camino verdadero:

3) Cristo es el verdadero camino:
    A. Orden.
    B. Cambio.
    C. Vida.

Todo lo que he mencionado anteriormente es simplemente un ejemplo, no es que usted esté obligado a hacer así este mensaje.

Les puedo asegurar que, si yo les diera a ustedes que me leen, la tarea de que hicieran un bosquejo de este texto, probablemente tendríamos muchísimos modelos diferentes.

> Después podría continuar diciendo: "Yo ya he hablado de todo esto, pero hermanos, no quisiera que ustedes se vayan a sus hogares sin saber cuál es el camino verdadero. Sería una tragedia para toda la humanidad no saber cuál es el verdadero camino".

El verdadero camino lo dice el versículo y ahí usted lo puede volver a reiterar. En este momento estaría terminando y ya tendría que ir enfatizando el mensaje. Porque, generalmente, la gente recuerda mejor lo que usted dijo al final, que lo que dijo al principio. Usted no puede empezar de una forma, digamos, positiva y terminar de una forma negativa. No puede empezar hablando del camino verdadero y terminar hablando del camino falso. Siempre tiene que "dejar el postre para el final". Y el "postre", generalmente, o por lo menos en mi caso, es lo dulce, lo que les deja "con un buen sabor de boca".

➢ Seguidamente, podría decir: "Cristo es el verdadero camino. Y aquí en esta conversación que ustedes pueden encontrar en el capítulo 14 del Evangelio según San Juan, el Señor Jesucristo se está despidiendo de sus discípulos, Él ya sabía que le quedaba poco tiempo. Ellos estaban muy preocupados y le dijeron: "Y ahora, ¿qué va a ser de nuestras vidas? Hemos dejado nuestro puesto de trabajo, nuestras familias, nos la hemos jugado por ti, y ahora dices que te vas. ¿A dónde te vas?". Y Jesucristo les respondió: "Me voy al Padre y ya sabéis el camino". A lo que continuaron diciendo: "¿Cómo que sabemos el camino Señor? No sabemos cuál es el camino". Entonces Jesús dijo: *"Yo soy el camino, la verdad y la vida y nadie viene al Padre sino solamente por mí"* (Jn. 14:6). Cuando estamos en el verdadero camino, el Señor pone orden en nuestra vida. ¿Usted sabe lo que es ir por un camino con la seguridad de que ese es el camino que me llevará a la presencia de Dios? Es una satisfacción tremenda. Pero, ¿usted sabe lo terrible que es estar conduciendo por la noche o de madrugada, con sueño, sabiendo que le quedan aún mil kilómetros por delante y decir: ¿y si me equivoqué? ¿y si no es esta la carretera? ¿y si resulta que cuando lleve 400 kilómetros me dicen que este no era el camino? Y otra vez tener que dar la vuelta, perder dinero, perder gasolina, etc. Pero qué bonito hermanos, cuando su vida era un desorden, un caos, y por fin se encuentra en el verdadero camino, y el Señor comienza a poner orden en su vida y se produce un cambio. En mi caso..." (y ahí usted cuenta su testimonio personal, una ilustración, una anécdota, algo que le han contado, etc.).

➢ "Por lo tanto, hemos conseguido la vida, porque lo que vivíamos antes no era vida ni era nada. Era un desorden, no valía para nada. Pero ahora estamos viviendo verdaderamente "la vida", con mayúsculas. Y esa vida es Cristo".

Solamente con este bosquejo simple, ya hemos desarrollado una parte del versículo 6 del capítulo 14 de Juan. Hemos hablado fundamentalmente del camino, y todavía no hemos hablado ni de la "verdad" ni de la "vida". Por lo tanto, en este mensaje también puede hablar de esos tres conceptos. Puede desarrollar las tres palabras, porque las tres palabras le dan pie para ello. En este caso, hemos desarrollado una. Usted puede desarrollar dos, o las que quiera. Todo depende de lo que quiera enfatizar. Hay versículos que le van a dar pie para desarrollar varias cosas, y hay versículos que le van a dar pie para hablar de una sola cosa.

Pero lo que no puede hacer es retorcer el versículo para que diga lo que no dice. Si usted dijera: "Hermanos hoy les quiero hablar acerca de la fe, la cual nos ayuda a vivir en victoria, y el versículo clave es: "Dios es amor". Yo le respondería: "Hermano, mire, perdóneme, pero hay miles de versículos en la Biblia que hablan de la fe y no necesariamente el de "Dios es amor". Si usted quiere hablar del amor de Dios, perfecto. Pero si quiere hablar de la fe, mejor escoja otro.

Si alguien tiene problemas de falta de visión, mi recomendación es que usen la letra en tamaño grande. Gracias al Señor, hoy en día gracias a los ordenadores usted puede poner la letra en tamaño 12, 14, 18, 25, etc. Aunque evidentemente no es recomendable utilizar un tamaño así de grande en el púlpito. Hay predicadores que utilizan mucho los ordenadores portátiles o las tabletas. Aunque en mi caso, yo soy de papel y lápiz. Lo que usted no puede pretender es llevarse todo un mensaje escrito palabra a palabra, con una letra que no entiende, con muchísimos papeles que se le pueden traspapelar, y que no están numerados.

Entonces, mi propuesta para usted es que haga un bosquejo simple. No necesariamente tiene que haber tres puntos principales solamente, puede haber más. Pero sería muy bueno que cuando usted estudie, cuando practique, más o menos sepa cuánto tiempo le va a llevar desarrollarlo. Porque si usted con tres puntos ya está acercándose a la media hora, si le añade diez puntos más, nos va a tener aquí "hasta el año que viene".

Así que, es preferible ser breve que provocar que la gente esté diciendo: "Dios mío tócale el corazón, que termine ya… llévatelo Señor Jesús…". Hay predicadores que no terminan nunca. Porque, por ejemplo, cuando se pierden, empiezan a repetir lo que ya dijeron. Lo cual ya estaba bien claro, pero lo vuelven a predicar otra vez.

¿Por qué le digo que escriba el bosquejo? Porque hay algo que son los nervios y pueden provocarle un "bloqueo mental".

¿Qué hacer cuando le ocurre algo así? Si usted no lleva ningún tipo de anotación, ya le puede pedir ayuda al Espíritu Santo para que le ilumine, que no va a lograr recordar todo el mensaje…

Pero, por otra parte, le animo a que no se lleve demasiados apuntes, porque entre los nervios, que le miran, que esto o aquello, se le puede volver todo en su contra.

Una vez tengan el bosquejo y vayan a subirse al púlpito, es necesario saber cómo colocarse. Porque luego hay otro gran problema que mucha gente comete. Y es que cuando llegan al púlpito, se "pelean con él", se pelean con el cable del micrófono, con el pie que lo sostiene, etc. Y al final, está más pendiente del dichoso micrófono que del mensaje.

Además, hay maneras de colocar o no los apuntes. Pero lo importante es que usted se sienta cómodo. Usted no debería estar nervioso ni preocupado: "que se me cayó el papel", "que no lo encuentro", etc. Todo esto usted debe practicarlo cuando llegue el momento oportuno.

II.   EL MENSAJE TEXTUAL O NARRATIVO

En cuanto a las preguntas sobre cuánto sería un buen tiempo para que las personas no se "duerman", hay estadísticas para todos los gustos.

Algunos dicen que hay un tiempo de atención, donde la gente está pendiente y hay un momento en el que la gente como que "se va". Ya sea por el calor, el frío, el llanto de un niño o cualquier otra cosa. Y después, hay gente que se vuelve otra vez a "conectar".

Aun así, yo pienso que el predicador tiene que tener la suficiente sabiduría y discernimiento para más o menos percibir como está el ambiente. Si usted ve a mucha gente moviéndose, entrando y saliendo, o mirando el reloj, ahí ocurre algo y es el momento de intentar recuperar su atención.

Por ejemplo, es muy importante intentar mantener una continua modulación de la voz para no perder la atención de los oyentes. Otra técnica que utilizan los predicadores es caminar en el púlpito, pero nunca de una manera brusca. De esta manera el oyente mantendrá su cuello siempre relajado, y eso hará que su tiempo de atención al mensaje sea más ameno.

No es lo mismo predicar en un retiro que en un campamento, donde tenemos todo el tiempo del mundo para extendernos más de la cuenta; que a lo mejor estar en un culto entre semana, donde la gente no puede estar demasiado tiempo porque tiene que tomar el autobús, le surge un imprevisto, o tiene que marcharse a otro lugar.

Se suele decir que una predicación "normalita" no tiene por qué desarrollarse durante demasiado tiempo, lo ideal son treinta minutos. Para poder predicar durante mucho más tiempo, debería tener mucha experiencia y desenvoltura. Pero, generalmente, si usted prepara un mensaje de entre veinticinco o treinta minutos, pues está bien, es correcto. A esos treinta minutos, le tiene que sumar la introducción, la conclusión, la lectura que va a leer, etc. Recuerde que en este caso estaríamos utilizando un solo versículo.

El nombre que recibe este tipo de mensajes sería "el mensaje textual". Podría elegir simplemente Juan 14:6, pero si por ejemplo escojo 1ª Corintios 13 y voy a hablar de todo el capítulo, versículo por versículo, pues ese mismo capítulo me va indicando los temas. 1ª Corintios 13 tiene 13 versículos, por tanto, son 13 puntos diferentes a desarrollar.

Pero, por ejemplo, fíjese en el versículo 1. Si tengo que explicar qué son las lenguas humanas y cuáles son las lenguas angelicales, ¿hay algún ejemplo bíblico que mencione qué son y en qué consisten? Con esto ya tendría suficiente material.

Aunque el tema central del capítulo es el amor, los versículos me sugieren otros subtemas. Esa es la riqueza de la Biblia, porque de un solo tema principal, usted puede rescatar varios subtemas.

Ejemplo: "Címbalo que retiñe": "¿Cómo retire un címbalo? ¿ustedes han visto un címbalo que retiñe? Hay diferentes tipos de címbalos. Me gustaría mostrarles qué es un címbalo, cómo suena, para que servía, quién lo tocaba, etc.".

El versículo 2 nos menciona la profecía, la ciencia y la fe. Son tres dones que también se mencionan 1ª Corintios 14. ¿Quiere hablar de esos tres dones? Pues ahí tendría suficiente material. Si todavía no ha tocado el tema central del capítulo que es el amor, sería un mensaje narrativo. El cual consiste en ir versículo por versículo, respetando el orden y explicando casi palabra por palabra y tema por tema.

Si yo voy a desarrollar 1ª Corintios 13, solamente con 13 versículos, ya son 13 mensajes. Y a su vez cada versículo me sugiere dos, tres o hasta cuatro subtemas diferentes. Ahí tendría sermones para una larga temporada. Pero claro, si usted se detiene en 1ª Corintios 13 a analizarlo como le estoy diciendo ahora, ¿cuándo toca otros temas de trascendental importancia en la vida de un creyente? Por ese motivo, yo tengo la sensación ya hace mucho tiempo que a mí me faltarían diez mil vidas como mínimo para poder ir palabra por palabra, versículo por versículo. Y eso es imposible, totalmente imposible. Lo comencé a hacer con los Salmos, palabra por palabra. Y cuando llegué a no se qué Salmo, llegó un momento en que me detuve y me frustré. Yo admiro, y la verdad que es para levantarles un monumento a esa gente que ha hecho comentarios de la Biblia, casi palabra por palabra, versículo por versículo. Como el famoso comentario de Matthew Henry. ¿Cuánto tiempo tardó este hombre en hacer un comentario de toda la Biblia, casi palabra por palabra? Desde luego, fue un hombre superdotado. Un hombre al que Dios capacitó con una sabiduría espectacular para poder explicar versículo por versículo.

El que hizo la concordancia (hoy en día en el ordenador es muy fácil), la hizo a mano. Y eso es un trabajo impresionante. Así que, si va a predicar un mensaje de tipo narrativo, debería escoger un capítulo del que usted pueda tomar la suficiente información para preparar el sermón en cuestión.

III. EJEMPLOS DE BOSQUEJO SIMPLE

- **Hebreos 11:6:** *"Pero sin fe es imposible agradar a Dios; porque es necesario que el que se acerca a Dios crea que le hay, y que es galardonador de los que le buscan".*

Tema: La fe del cristiano.
Título: ¿Cuál es la fe que salva?
Introducción: Cuando hablamos de fe, hoy en día hay personas que tienen fe en muchas cosas. Hay personas que tienen fe en distintas religiones, pero hay personas que ponen su fe también en el dinero, hay personas que ponen su fe en rituales. Y toda esta fe es común porque es para lograr la salvación o para lograr alguna trascendencia en algún lugar o después de la muerte. Entonces ¿cuál sería la fe que realmente salva? ¿cuál sería la fe que nos lleva a la salvación después de la muerte?

I. Fe en otras cosas:
    A. Religiones.
    B. Rituales.
    C. Dinero.
II. La fe verdadera:
    A. Dios.
    B. Trae bendición.
    C. Trae paz.

Conclusión: Escoger a quién debemos seguir, a quién debemos servir y a quién debemos creer. Desechar lo que nos impide ese acercamiento.

- **Éxodo 3:6-10:** *"Y dijo: Yo soy el Dios de tu padre, Dios de Abraham, Dios de Isaac, y Dios de Jacob. Entonces Moisés cubrió su rostro, porque tuvo miedo de mirar a Dios. Dijo luego Jehová: Bien he visto la aflicción de mi pueblo que está en Egipto, y he oído su clamor a causa de sus exactores; pues he conocido sus angustias, y he descendido para librarlos de mano de los egipcios, y sacarlos de aquella tierra a una tierra buena y ancha, a tierra que fluye leche y miel, a los lugares del cananeo, del heteo, del amorreo, del ferezeo, del heveo y del jebuseo. El clamor, pues, de los hijos de Israel ha venido delante de mí, y también he visto la opresión con que los egipcios los oprimen. Ven, por tanto, ahora, y te enviaré a Faraón, para que saques de Egipto a mi pueblo, los hijos de Israel".*

Tema: ¿Quién fue Moisés?
Título: Moisés fue elegido por Dios.
Introducción: ¿Quién fue Moisés? Dios tuvo un propósito con él antes de nacer, que permitió que aún cuando fue echado a las aguas no muriera, sino que fuera encontrado y criado en la casa de Faraón. Fue un hombre amado por Dios, obediente desde el primer momento...

I.   Fue un hombre llamado por Dios:
     A. Obediente.
     B. Profeta.
     C. Líder.
II.   Misión de Moisés:
     A. Liberar.
     B. Conducir.
III.   Realizó señales y prodigios:
     A. Egipto.
     B. Desierto.
IV.   Los condujo hacia el Éxodo donde iban a tener:
     A. La victoria.
     B. La redención.

Conclusión: Moisés, la tipología de Cristo hoy. Como se aplica la vida de Moisés hoy en día.

○ MENSAJE BIOGRÁFICO

- ***Daniel 6:5:*** *"Entonces dijeron aquellos hombres: No hallaremos contra este Daniel ocasión alguna para acusarle, si no la hallamos contra él en relación con la ley de su Dios".*

Tema: La vida de Daniel.
Título: Daniel, un hombre íntegro.

I. No se dejó contaminar:
   A. La comida (Dn. 1:8).
   B. Vicios (Dn. 6:3-4).
   C. Las leyes (Dn. 6:10-11).

II. Cualidades de Daniel:
   A. Constante (Dn. 6:10-11).
   B. Prudente (Dn. 2:13-14).
   C. Íntegro (Dn. 1:3-4).

III. Aplicación personal:
   A. ¿Nos seguimos contaminando?
   B. ¿Qué cualidades de Daniel tenemos?
   C. ¿Somos de buen testimonio?

Tercer capítulo: Consejos a tener en cuenta

A menudo se utilizan términos o palabras en los púlpitos que en el fondo no se sabe realmente lo que significan. La persona que va a compartir la Palabra tiene que saber o dominar perfectamente el tema, la palabra o palabras que aparecen en un texto bíblico, para que en un momento determinado esté diciendo verdades y no esté diciendo cosas totalmente distorsionadas o alejadas de la realidad.

Les propongo que busquen tres palabras que aparecen en la Biblia y que parecen un tanto extrañas. Aparentemente significarían lo mismo, pero son iguales. Una es la palabra "justificación", otra sería la palabra "redención" y finalmente la palabra "propiciación". Esos tres términos, sería bueno que los estudiaran bien. Probablemente van a tener que utilizar recursos como un diccionario bíblico.

Existe una gran diferencia entre utilizar un diccionario normal y corriente o secular y un diccionario bíblico. Hay palabras que son puramente bíblicas y sería bueno que ustedes conozcan el significado de cada una de ellas. Pueden buscar ejemplos bíblicos, hay diccionarios muy buenos. Por ejemplo, yo recomiendo uno que se llama

"Diccionario Expositivo Vine"[7]; y hay otro llamado "Diccionario Teológico Beacon"[8]. El diccionario "Vine" es muy bueno porque aparecen palabras con la explicación hebrea para las palabras del Antiguo Testamento y palabras en griego para el Nuevo Testamento. También, hay un libro que contiene un glosario de palabras griegas y hebreas: "Glosario Holman de términos bíblicos"[9].

A menudo es bueno conocer la etimología o la raíz de las palabras, porque hay algunas que si las busca en un diccionario no bíblico o secular, le dará una información muy pobre de lo que realmente significa el término según lo que dice un diccionario bíblico.

En el siguiente capítulo podrán encontrar la explicación de los tres términos.

---

[7] W. E. Vine (1998): *Diccionario expositivo de palabras del Nuevo y Antiguo Testamento de Vine,* Nelson Editorial.

[8] Richard S. Taylor (1994): *Diccionario Teológico Beacon,* Casa Nazarena de Publicaciones.

[9] Eugene E. Carpenter y Philip W. Comfort (2003): *Glosario Holman de Términos Biblicos: Exposición de Importantes Expresiones Hebreas y Griegas* (Spanish Edition), B&H Espanol.

A continuación, hay una serie consejos que me gustaría que tuvieran en cuenta.

1. Uno de ellos (muy importante), es el siguiente: "No use nunca el púlpito para hablarle a una persona en particular". La Palabra de Dios tiene suficiente poder para hablar a todo el mundo según la necesidad que tenga, pero no caigan en la tentación y en la trampa (en la cual han caído muchos a la hora de utilizar el púlpito) de hablarle solamente a una única persona.

2. Cuando usted predica, está predicando a toda una congregación, a todo un auditorio. Y en ese lugar puede encontrarse gente nueva, gente convertida, gente inconversa, gente de una línea, gente de otra tendencia... Pero no caiga en la tentación de preparar un mensaje para hablarle únicamente a una persona, porque a parte de que esa no es la forma correcta, la Palabra tiene suficiente poder para que, si usted ora y le pide al Señor que le guíe, el Espíritu Santo puede utilizar esa palabra para hablarle a esa persona y para hablarle a toda la gente que está en ese lugar.

3. Otra cosa que es muy importante es: "No descubrir secretos de nadie en público". Una persona que acaba de contar un problema personal o particular o de la índole que sea y usted llega al culto y en medio de la predicación dice: "Hay una persona aquí (y ya sería sobrepasarse mencionar el nombre), que hoy me ha dicho "esto, eso y aquello". Eso no lo haga nunca, porque primeramente es una falta de respeto y no es la forma correcta. A parte que, si le han confesado algo como secreto o algo privado, pues sería terrible que después usted lo descubra a él o a ella en público dando detalles específicos. La gente no es ingenua y puede llegar un momento determinado en que digan: "Está hablando de esta o aquella persona". Entonces, nunca se dirija a una persona en particular.

4. De hecho, hay gente que predica y tiene la mala costumbre de estar siempre mirando en una dirección o a una persona, lo cual es peor todavía. Así que, procure cuando mire, mirar a toda la congregación: derecha, izquierda, arriba, abajo, detrás o delante. Porque si desarrolla la costumbre o la tendencia de mirar siempre a una sola dirección, después va a ser muy difícil romper con esos malos hábitos.

Conocí a un pastor que cuando predicaba siempre miraba al techo (lo cual es horrible). Él predicaba y no miraba a nadie, siempre miraba hacia arriba. Entonces, había momentos en que la gente miraba al techo para ver qué es lo que él estaba mirando. Siempre miraba por encima de las cabezas. Esos son errores que usted tiene que evitar cometer desde el principio, porque después ya se enquistan y forman parte de su forma de predicar y es muy difícil quitarlos.

5. Una de las cosas que también quiero destacar, es que cuiden mucho sus motivaciones a la hora de compartir. ¿A qué me refiero? El púlpito no tiene que ser un escaparate o una pasarela que usted utilice para demostrar todo lo que sabe. No es un lugar para que usted esté demostrándole a la gente cuánto sabe, qué inteligente o qué culto es. No tenga esa motivación, no vaya al púlpito con esa tendencia o con ese espíritu porque no es lo correcto; no es un lugar para que presuma de su enriquecimiento personal. Hay pastores que tienen la tendencia de hablar de sus coches, sus casas, sus aviones, sus joyas; y eso es horrible. No creo que sea el mejor lugar para hablar de su enriquecimiento personal. El púlpito es un lugar para exaltar a Cristo, para que miren al Señor, para que aprendan de su Palabra y no para que le miren a usted; ni para despertar envidia en los demás.

6. Había un pastor, el cual subía a predicar con muchos collares de oro, anillos y pulseras, para despertar (no decía la palabra envidia), la fe de las personas; para que quisieran ser como él y tener lo que él tenía. Me parece una auténtica barbaridad que una persona tenga que demostrar que tiene fe mostrando muchos anillos, cadenas u oro. Caemos en el error de ese refrán que dice: "Tanto tiene, tanto vale". Eso es realmente horrible, y en el fondo es un complejo. Hay muchas personas que exteriorizan, sin darse cuenta, el complejo de superioridad o de inferioridad en el púlpito; porque el púlpito de una manera u otra le descubre.

7. Tampoco es un lugar para desahogarse. Hay personas que suben al púlpito y se desahogan de un enfado o de algo que les ha sentado mal. Así que se desahogan y dejan consternada a la audiencia. Pero se van a su casa ya desahogados, porque ya le regañaron a todo el mundo: "Todos son malos menos usted". El púlpito no es para eso.

8. Una cosa que tenemos que tener mucho cuidado cuando predicamos asiduamente es el "sobre énfasis". Ustedes van a notar que hay muchas congregaciones y ministerios que siempre predican de lo mismo. Hay congregaciones que son repetitivas, es decir, congregaciones que les dan un sobre énfasis por ejemplo a los dones del Espíritu Santo, y generalmente al tema de hablar en lenguas. Como si lo más importante en la vida fuera hablar en lenguas, así que el que no habla lenguas parece que está condenado y se va al infierno. Es algo repetitivo, donde casi hacen sentir mal a la gente que no ha tenido la experiencia de hablar en lenguas, y eso es un error. Personas que está todo el santo día hablando de cuestiones proféticas, de la segunda venida de Cristo; del Armagedón; del anticristo. Y está bien, hay que hablar de todo el consejo de Dios; hay que hablar de todo lo que dice la Palabra de Dios o la Biblia. Pero eso es como si comiéramos todos los días la misma comida. Nos puede gustar mucho, pero si estamos treinta días al mes comiendo todos los días pasta, probablemente algo que nos gustaba en un principio, al final hace que terminemos aborreciendo la pasta, la carne, u otro alimento.

9. Entonces, el "sobre énfasis", es un error estar siempre hablando de lo mismo. La gente tiene que crecer de una forma equilibrada. Es como la alimentación, tiene que comer carne, pescado, ensaladas, frutas, verduras, etc. La predicación tiene que ser exactamente igual, hay que hablar de todo. No podemos centrarnos única y exclusivamente en un solo tema olvidándonos de todos los demás, porque al final la gente puede crecer de manera "deformada". Es como que queramos enfatizar un área y nos olvidemos de las demás. Así como los que enfatizan con el ayuno y la oración, y pareciera que no hay otra cosa más que "orar y ayunar". Pero hay estudios bíblicos, testimonios de Cristo, el evangelismo, las misiones, etc. Así que, procure que su mensaje sea "variado".

10. Una de las cosas que a veces no se habla y no se le da importancia pero que es muy importante, es cuidar la voz. Cuando está predicando, una de las cosas que tiene que hacer es cuidar su voz, y hay gente que no la cuida. No saben respirar bien. Están predicando y de repente beben un vaso de agua fría. Lo cual es terrible, ya que las cuerdas vocales están calientes. Usted está predicando, ha terminado de cantar, ha terminado de hablar y de repente se mete en el cuerpo un vaso de agua fría que le puede afectar la voz. Hay que aprender a respirar. Hay gente que no sabe vocalizar, que pronuncia de manera incorrecta. Si pronunciaran bien, se les entendería mejor y veríamos más resultados en la gente. Pero hay personas que a lo mejor tienen problemas a la hora de pronunciar una palabra. Entonces, mi consejo es que practique, que se informe antes como se pronuncia esa palabra, no sea que la pronuncie mal y al final la gente esté más pendiente del error que ha cometido que de la palabra en sí misma. Durante muchísimos años, casi hasta los 14 años, yo no sabía pronunciar la "r". Imagínese, uno de mis apellidos lleva "r" (Sierra), y eso es un problema. Si usted no sabe pronunciar la "r" con la pronunciación castellana, pues a la hora de pronunciar muchas palabras en hebreo o de hablar en francés, le saldrá de maravilla. Pero es que en castellano la "r" es una letra que hay que saber pronunciarla bien. Hay logopedas, ejercicios que se pueden hacer para practicar, cuidar la voz, y pronunciar bien. Una vez alguien me dijo que intentar vocalizar con un lápiz en la boca ayuda mucho. Bueno, yo no soy un logopeda ni soy un experto en esto. También hay gente que confunde la "r" con la "l". Así que, si tiene problemas a la hora de vocalizar ciertas palabras, sería conveniente que busque ayuda.

11. Entonces, cuando usted suba a un púlpito no solamente tiene que procurar subir lo más preparado posible, sino hablar correctamente. Por ejemplo, a veces hay personas que utilizan mal ciertos términos. He escuchado a personas que dicen que "semos el pueblo de Dios". Y no es "semos", es "somos el pueblo de Dios". Además, hay gente que confunde las conjugaciones verbales y suben al púlpito cometiendo esos errores porque en su vida diaria ellos hablan así. Pero cuando usted está en un púlpito y le están escuchando muchas personas, la gente sabe perfectamente que eso no se dice así. Entonces, si no sabe, si tiene dudas sobre una expresión o sobre una palabra, infórmese, pregunte a alguien de confianza: ¿Cómo se dice esta palabra? ¿la estoy pronunciando bien? ¿la estoy diciendo mal?

12. A veces, una palabra mal pronunciada puede desviar la atención de una audiencia o de una congregación entera, porque se quedaron más pendientes de aquella palabra mal pronunciada o mal dicha, que de todo el mensaje. Así que, estas cosas que le estoy diciendo, por favor, téngalas en cuenta ya que son muy importantes a la hora de poder transmitir el mensaje que Dios ha puesto en su corazón.

13. Fíjense que por ejemplo hay cosas, elementos externos al mensaje, vamos a decirlo así, que pueden perjudicarle a la hora de transmitir el mismo. Miren por ejemplo a Jesús. En Lucas 5:3 vemos que había una multitud en la playa, en el lugar donde Él estaba, al borde del mar de Galilea. Y dice que, entrando en la barca, les pidió a sus discípulos que las separaran un poco de la orilla. Es decir, Él predicó desde el agua, sentado en una barca, en dirección a la playa; en dirección a la orilla; y no al revés. Todos sabemos (los que hemos ido muchas veces al mar), que cuando una persona está en el agua y habla, es más fácil que lo escuche el que está fuera. En cambio, si el que está fuera grita al que está en el agua, este último no le puede escuchar. A veces, cuando se puede hablar al aire libre (sobre todo en aquellos tiempos que no había micrófono), hay que aprovechar la dirección en la que va el viento. Es decir, usted no puede hablar en contra del viento porque las palabras no van a llegar, sino al contrario, "el viento se las va a llevar" (nunca mejor dicho).

14. Entonces, hay elementos que son muy importantes. Por ejemplo, si usted va a un lugar a compartir, y está todo cerrado, la ventilación es pésima e incluso hasta puede ser que tenga mal olor o que huela a "cerrado". Eso va a ser un impedimento. Parece mentira, pero eso es algo que puede volverse en su contra a la hora de compartir un mensaje extraordinario. Entonces, si va a compartir en un culto de jóvenes, en una habitación donde hay niños; o en una iglesia donde hace un calor terrible; o mucho frío; o donde no hay una buena ventilación... procure solucionar ese problema antes de comenzar a dar el mensaje. Porque a veces hay cosas a las que no les damos importancia, pero aún el más mínimo detalle el enemigo lo puede utilizar para distraer la atención de la gente. No solamente la ventilación, sino a veces también, por ejemplo, la limpieza. Si el lugar está sucio, desordenado, yo pienso que sería muy bueno y sabio ordenarlo. Nosotros lo solemos hacer siempre antes de empezar el culto, siempre tenemos que colocar las sillas porque del culto anterior al de hoy, todo quedó desordenado. Y hay que volver a colocar las sillas, a colocar el púlpito en su sitio, a colocar los micrófonos, etc. La ventilación, la limpieza y la iluminación son elementos a tener en cuenta. Por ejemplo, en una iglesia, la falta de iluminación puede distraer más que otra cosa. Y hay lugares que están excesivamente iluminados. Por ejemplo, con el tema de la acústica, hay lugares donde hay un eco excesivo, y es muy complicado poder compartir allí. Por tanto, hay pequeños trucos como por ejemplo poner moqueta, poner cortinas, insonorizar un poco por lo menos la zona donde se va a compartir la palabra. Son elementos para tener en cuenta siempre por parte del que va a compartir la palabra.

15. Si usted es el responsable de una iglesia, no puede permitir que el que vaya a compartir la Palabra llegue tarde. El que vaya a predicar siempre ha de ser el primero en llegar. A mí en Argentina algunos pastores me decían que no, que el predicador siempre tiene que llegar tarde. En mi opinión, estoy totalmente convencido de que llegar tarde al lugar donde le han invitado a predicar es una falta de respeto. Yo siempre aconsejo que el predicador llegue antes. Y si hay algo que puede perturbar, algo que discierne, algo que nota que en un momento dado puede ser un estorbo a la predicación de la Palabra, compártalo o soluciónelo. Si usted es el que va a compartir y tiene la oportunidad de preparar el salón, de ventilarlo, de limpiarlo, de iluminarlo, de colocar bien las sillas, el sonido, etc. pues hágalo antes. Y así no ocurra que durante el culto se de cuenta de que el micrófono no funciona, que las sillas están mal colocadas, el salón es muy grande y todo el mundo está sentado atrás, etc.

Yo sé que, para algunos, el tema de la puntualidad es una especie de asignatura pendiente. En nuestra congregación, nosotros empezamos los cultos a la hora que decimos que empieza. Esté toda la congregación o falte parte de ella. Si decimos que la reunión de los jueves es a las 18:30, a las 18:30 comenzamos. Si decimos que el culto es a las 19:00, el culto es a las 19:00.

Procuremos ser siempre puntuales porque la gente no tiene por qué estar esperando a ver quién llega o quién viene. Sino que usted tiene que ser un ejemplo en puntualidad, ya que después no va a tener autoridad moral para exigirle a los demás lo que usted no está haciendo. Así que, por favor, tengan siempre presentes todas estas cuestiones.

Cuarto capítulo: Los tipos de texto

Hay un versículo muy interesante en Romanos 5:1 que dice: *"Justificados, pues, por la fe, tenemos paz para con Dios por medio de nuestro Señor Jesucristo"*. Por supuesto, a precio de sangre ¿no? Compró nuestra vida, compró nuestro pecado. Y automáticamente Él nos declaró justos, pero no porque nosotros hayamos hecho obras para alcanzar esa justificación o ese perdón, sino por los méritos de otra persona.

Vuelvo a enfatizar que cuando se dice muchas veces a la ligera que la salvación es gratis, no es correcto. La salvación no es gratis, lo que pasa es que Jesucristo la pagó por nosotros. La salvación la tuvo que pagar el Señor Jesucristo con su vida, con su sangre, pero no porque fuera gratis.

Entonces, la diferencia entre "redención" y "justificación" es que el acto en sí mismo de la obra de Cristo en la cruz nos redimió, y automáticamente el que cree, el que acepta, el que recibe y confiesa ese acto de redención y de infinita misericordia, es declarado justo: *"El justo por la fe vivirá"* (Ro. 1:17).

La "propiciación" es parecida a la "expiación". Es como la muerte de Jesús cuando vino a este mundo y derramó su sangre en la cruz. A partir de ahí, nuestros pecados fueron borrados y es como si la ira de Dios se hubiese apaciguado por ese acto.

Digamos que la "propiciación" hace referencia a la víctima. Si la "redención" es el acto y la "justificación" es el resultado de dicho acto, la "propiciación" sería, digamos, el que ocupa el lugar del culpable. Es la víctima. En este caso no era el cordero, no era el animal sino era su misma persona.

Así que es muy importante saber diferenciar estos términos. Porque muchas veces cuando la gente comparte o predica, resulta que mezclan todo y parece que es todo lo mismo, pero es muy importante saber su definición: qué significa cada concepto, cuándo se puede aplicar uno y cuándo se puede aplicar otro.

Cuando se compraba en una venta pública, al esclavo se le redimía, se le compraba, lo cual es como sinónimo. Cuando nacía un primogénito, el primogénito se tenía que redimir también. Se compraba. Esos términos son muy importantes que ustedes los conozcan para que sepan usarlos, si en algún momento tienen que subir a un púlpito y compartir una de estas palabras. Es primordial la renovación del léxico en la persona que va a compartir frecuentemente, además de dominar los términos de los cuales va a hablar.

Sobra decir que cuando en un texto bíblico (del cual usted va a hablar porque está preparando un mensaje, un estudio, o una exposición), aparecen términos que no son de uso común, de uso cotidiano, por supuesto que tiene que recurrir a un buen diccionario bíblico. Para que usted sepa en todo momento de lo que está hablando. Y por si acaso alguien le hace una pregunta, no se invente una respuesta. No hay nada peor que una persona que improvisa en el púlpito sin saber lo que está diciendo. Eso se percibe desde lejos. Además, alguien que le esté escuchando y que a lo mejor tenga igual o mayor conocimiento en las Escrituras que usted, notará que en ese momento se está inventando una explicación o un término que realmente no es eso lo que significa; pero que le está dejando en evidencia porque se dará cuenta de que no ha ido preparado. Al púlpito hay que ir preparado. Al púlpito no se puede ir, como se decía antaño: "Bueno, yo voy al púlpito, subo a la plataforma y ya el Espíritu me inspirará".

Pues podría haber dedicado el tiempo libre que tenía para prepararse y seguro que el Espíritu le habría inspirado. Pero es una falta de respeto cuando una persona se sube al púlpito no sabiendo lo que va a decir, pues abre la Biblia como si fuera una especie de ruleta y "lo que salga", eso es lo que comparte. Lamentablemente muchas personas no se quieren preparar. Porque hoy en día, quien no se prepara es porque no quiere. No es como otras épocas en las cuales era muy difícil el acceso a un buen material, a libros, a comentarios, a diccionarios. Así que el que no se prepara, el que no estudia, es porque es un holgazán o porque no quiere. Y, ¡ay de la congregación! ¡ay de las ovejas! que tengan a una persona como responsable, predicador, pastor o maestro, que no le guste prepararse. Desde mi punto de vista, creo que debería dedicarse a otra cosa.

Pero una persona que va a compartir la Palabra de Dios tiene que estudiar y estar preparado. Porque cuanto mejor preparado esté, mejor va a poder compartir.

Hay gente que dice: "Pero es que los discípulos no fueron a ninguna escuela bíblica". Eso es falso, rotundamente falso. Los discípulos tuvieron la mejor escuela bíblica que jamás ellos pudieran haber inventado. Tuvieron nada más y nada menos que a un solo maestro. Tuvieron al Señor Jesucristo, quien los discipuló, evangelizó, entrenó y capacitó en la teoría y en la práctica. No es cierto eso de que los discípulos no tuvieron una preparación. El hecho de que no fueran a una escuela con papel y lápiz, no significa que no se prepararon. ¿Qué hicieron durante esos tres años los discípulos? Estuvieron escuchando mensajes, estudios, preguntas y respuestas, parábolas, etc.

Todo eso fue una escuela. Todo eso fue una preparación. De hecho, muchos de ellos después compartían, lógicamente, lo que habían aprendido, lo que habían visto. Dos de sus discípulos, Pedro y Juan, llegaron a decir ante las autoridades de la época de Jerusalén: "No podemos dejar de decir lo que hemos visto y lo que hemos oído" (Hch. 4:20). Si no lo hubieran visto y no lo hubieran oído ¿de qué iban a compartir?

Algo también muy importante es que no todos los versículos se pueden utilizar de la misma manera. Sino que depende de la estructura del texto en sí mismo, porque la preparación es diferente. Pues hay diferentes tipos de temas: enfático, interrogativo, imperativo, declarativo e histórico.

Cuando usted ya tiene claro en su mente y en su corazón el tema que va a desarrollar, como dije anteriormente, una de las cosas fundamentales que debe tener es el respaldo bíblico. El texto, los textos, el capítulo, el pasaje o los pasajes que le van a dar fuerza a la hora de desarrollar ese tema en el púlpito. Es decir, no se le ocurra subir a compartir la Palabra de Dios sin usar en ningún momento la Biblia. La cual tiene que prevalecer y aparecer por todas partes: de principio a fin. Puede contar una anécdota, una ilustración, un testimonio personal, etc.

Pero en el púlpito, tiene que haber gente que hable de la Biblia, no de sí mismos; de lo que les ocurrió, etc. Sino que toda declaración que haga tiene que ir avalada por la Biblia. Y si quiere compartir algo, pero no lo puede demostrar con la Biblia, pues mejor que no lo haga. Porque entonces no sé de dónde va a sacar el respaldo para apoyar algo que la Biblia ni siquiera enseña.

I. TEXTO ENFÁTICO

Entonces, con respecto al tema "enfático" tengan en cuenta los siguientes términos: expresión o palabra.

Un versículo, por ejemplo, que está de una forma enfática o que enfatiza una palabra es el versículo de Romanos 1:16: *"Porque no me avergüenzo del evangelio, porque es poder de Dios para salvación a todo aquel que cree; al judío primeramente, y también al griego".* Aquí Pablo dice que el Evangelio es poder de Dios para salvación. Otras versiones dicen que es potencia: "potencia de Dios".

Entonces, ese versículo enfatiza la palabra "potencia", la palabra "poder" o la palabra "Evangelio". A la hora de compartir, usted puede elegir las tres o puede elegir una sola. Así que, cuando un tema o un versículo está de una forma enfática, lo que está haciendo es destacar una o varias palabras dentro del mismo texto. Usted debe tener la suficiente sabiduría y discernimiento para saber cuál es la palabra o palabras que está destacando el texto. Sobra decir que, si el texto no menciona la palabra de la cual quiere hablar, mejor escoja otro versículo.

Es decir, si usted quiere hablar de la fe y dice "el Evangelio es poder de Dios para salvación", no tiene sentido. Busque un versículo más claro, busque un versículo donde aparezca un ejemplo e incluso la misma palabra "fe". Pero hablar de la fe utilizando Romanos 1:16, como que no tiene ningún sentido. Entonces recuerde que cuando el tema o el texto está en forma enfática, el mismo texto le está indicando que lo que tiene que hacer es destacar la palabra fundamental o más importante.

Por ejemplo, otro versículo que está en forma enfática es 1ª Juan 4:8: *"El que no ama, no ha conocido a Dios; porque Dios es amor"*. Este pasaje dice que Dios es amor. No hay vuelta de hoja. Es un versículo que está clarísimo: "Dios es amor". Jesús muchas veces, por no decir la mayoría o todas las veces, cuando hacía una declaración lo hacía de una forma enfática Él no decía: "Bueno, yo soy un camino, una verdad, una vida". Sino que Él es el camino, la verdad y la vida: *"Jesús le dijo: Yo soy el camino, y la verdad, y la vida..."* (Jn 14:6a). Y para dejarlo bien claro: *"...nadie viene al Padre, sino por mí"* (Juan 14:6b). Nadie, no hay ninguna posibilidad. Bueno y, ¿no hay otra forma? ¿no hay otra manera? "Nadie viene al Padre sino solamente a través de mí". No tengamos miedo de dar el énfasis al versículo que el mismo versículo tiene. Pero no le de a un versículo un énfasis que evidentemente no tiene.

II.   TEXTO INTERROGATIVO

Ahora bien, hay versículos que están en forma interrogativa. Es decir, aparece una pregunta. El típico ejemplo que podríamos poner se encuentra en 1 Samuel 2:25a: *"Si pecare el hombre contra el hombre, los jueces le juzgarán; mas si alguno pecare contra Jehová, ¿quién rogará por él?"*. Dice: ¿quién orará por ti? O Mateo 16:13: *"Al llegar a la región de Cesarea de Filipo, Jesús preguntó a sus discípulos: ¿Quién dice la gente que es el Hijo del Hombre?"*.

¿Se acuerdan cuando el Señor Jesucristo hizo esta pregunta en Cesarea de Filipo a sus discípulos y hubo diferentes respuestas? Él estaba haciendo una pregunta, por lo que hay versículos que no son una promesa.

Mire, no hay nada peor, y se hace mucho, que escuchar a una persona hablando de un versículo que no es una promesa genérica como si lo fuera. Les voy a poner un ejemplo. Cuando ese versículo en Hechos 16:31 dice: *"Ellos dijeron: Cree en el Señor Jesucristo, y serás salvo, tú y tu casa"*. Esta promesa le fue dada al carcelero, para él y para su familia. Si esta fuera una promesa genérica para todo el mundo, quiere decir que usted se convierte y automáticamente tiene la garantía de que toda su familia se va a compartir. Eso no es verdad. Hay mucha gente que lleva años en el Evangelio y que tiene familiares que no se han convertido, que incluso se murieron y no quisieron aceptar al Señor. (*cf.* Hch. 16:27-32).

Lucas 17:34: *"Os digo que en aquella noche estarán dos en una cama; el uno será tomado, y el otro será dejado"*. Cuando el Señor Jesucristo dice: "dos estarán en una misma cama", está hablando de un matrimonio. No está hablando de una pareja que está en desorden. "Dos estarán durmiendo en una misma cama, el uno será tomado y el otro será dejado". ¿Y eso como puede ser? Pues que la salvación es personal, no es contagiosa. No es algo positivo que se contagia en una persona, sino que cada persona debe tener su propio encuentro personal. Entonces, hay versículos que son promesas para una persona, hay versículos que son una declaración para alguien en particular y hay otros versículos que son preguntas. Usted siempre tiene que respetar la forma en la que aparece el texto. No puede torcer el versículo ni obligarlo a decir lo que no dice.

Jeremías 30:13: *"No hay quien juzgue tu causa para sanarte; no hay para ti medicamentos eficaces"*.

Cualquier persona que esté enferma, al leer ese versículo, puede pensar: "Bueno da igual que me operen, que no me operen, que vaya al médico, que tome la medicación o no, porque he leído en la Biblia que para mi enfermedad no hay cura". Y usted se puede morir interpretando incorrectamente un texto, como ya ha ocurrido con cristianos que no saben interpretar adecuadamente la Escritura y han llevado a la muerte a algunas personas.

Cuando la gente dice: "Dios me dijo" me gustaría saber a qué se refieren. ¿Cómo pueden estar tan seguros? ¿Como están tan convencidos de que Dios les dijo: "Hagan esto o aquello"? Porque mucha gente cuando dice "Dios me dijo", seamos sinceros hermanos, Dios no le dijo nada. Hay momentos en los que usted le pide a Dios algo y no responde. ¿O no? ¿O Dios le responde cada vez que le pide? Hay cosas que usted le ha pedido a Dios durante años, que no le ha respondido. Y no significa que no le haya oído, porque también hay que saber interpretar el silencio de Dios. Y muchas veces dice más el silencio de Dios que la voz de Dios en sí misma. Y todo esto hay que saber dominarlo para no llevar a la gente a una falsa expectativa.

¿A quién le dijo? ¿Cuándo se lo dijo? ¿Por qué se lo dijo? ¿Es una promesa, es una declaración, es un imperativo, es una pregunta?

III.   TEXTO IMPERATIVO

La tercera forma de texto, mensaje o tema que nos podemos encontrar es el texto que está en forma imperativa. No es una propuesta, ni una sugerencia, ni una pregunta, ni una promesa, ni una profecía. Es una orden.

Éxodo 20:14: *"No cometerás adulterio".*

Éxodo 20:16: *"No hablarás contra tu prójimo falso testimonio"*.

Efesios 5:18: *"...antes bien sed llenos del Espíritu..."*.

Isaías 41:10: *"No temas, porque yo estoy contigo..."*.

Es decir, son órdenes, y como tales, hay que obedecerlas. No se puede presentar una orden como algo opcional. Si Dios dijo "no", es "no".

En hebreo hay dos tipos de "no": el que se escribe con la letra *"ale"* y la letra *"lame"*, y el que se escribe con la letra *"lame"* y la letra *"ale"*.

A veces, hay momentos en los que Dios dice "no" y ese "no" es para siempre. No se podía hacer ni antes, ni después. Y hay otros "no" que son temporales: "No lo haga ahora". Pero no significa que no lo pueda hacer más adelante. Lógicamente, no me refiero a un pecado: "No diga mentiras hoy, pero las puede decir mañana". No me refiero a eso. Si no que hay cosas que a veces el Señor dice: "ahora no es el momento". Como, por ejemplo, Pablo quería ir en momentos a ciertos y determinados lugares a predicar el Evangelio y el Señor decía "no": *"Y cuando llegaron a Misia, intentaron ir a Bitinia, pero el Espíritu no se lo permitió"*. ¿Quiere decir que nadie podría ir a predicar el Evangelio a esos lugares? No significa eso, pues sería una contradicción con el pasaje que dice: "Id por todo el mundo

el mundo y predicar el Evangelio a toda criatura". Entonces
¿por qué no me deja ir allí? "Porque ahora no es el momento
de ir allí, ahora es el momento de ir a Troas a predicar el
Evangelio a otras personas" (*cf.* Hch. 16:8).

Por tanto, analicen bien el texto. No vayan a decir lo
que no dice, y no saquen las cosas de su contexto.

IV.   TEXTO DECLARATIVO

También está el tema declarativo, donde hay una
declaración. Cuando comparta un mensaje en forma
declarativa, explique qué es lo que se está declarando y si
es comprobable lo que se ha declarado.

A veces hay versículos que pueden tener dos estilos
literarios diferentes. Por ejemplo, cuando el Señor
Jesucristo dijo en Juan 11:25: *"Yo soy la resurrección y la
vida"*. Eso es una declaración. Pero ¿es una declaración
donde demostró que Él realmente era la resurrección y la
vida o es una declaración que hizo y nunca la demostró?
No, Él demostró que era la resurrección y la vida, y que el
que cree en Él, aunque esté muerto vivirá. Cuando llegó a
la tumba de su amigo Lázaro, la Biblia dice que lo resucitó.
Entonces lo que declaró, lo demostró. Así que, cuando
encuentre un versículo en forma declarativa, pues mire a ver
si realmente se puede demostrar lo que Él declaró.

Salmo 23:1: *"El Señor es mi pastor, nada me
faltará"*. ¿Se puede demostrar que Él es verdaderamente su

pastor? ¿Que nada de lo que Él le ha prometido le faltaría? ¿Se puede demostrar o no? Si no se puede demostrar es una falsa declaración. Pero si es verdadera, tiene que confirmar en su mensaje que Él verdaderamente es su pastor y que nada les faltará a los que crean en Él.

V. TEXTO HISTÓRICO

Y finalmente tenemos el tema o el pasaje en forma histórica. Hay pasajes de la Biblia que son una historia. No son como dije antes una profecía, no son una promesa. Es simplemente una historia que se cuenta para que usted saque una serie de lecciones. Hay historias que se cuentan de personajes que hicieron cosas malas, pero no para que usted las haga, sino que se las cuenta para que no las haga, para que no las imite. En la Biblia hay historias muy desagradables, muy tristes; de personajes, del pueblo de Israel en momentos puntuales que hacían cosas terribles. ¿Por qué las cuenta la Biblia? Bueno, para que sepa que a usted le puede pasar lo mismo si baja la guardia, si desobedece. Tanto el acto en sí mismo como las consecuencias de dicho acto. Entonces, ¿para qué me cuenta la Biblia que Judas vendió al Señor? ¿Por qué no omite la Biblia ese aspecto tan negativo? Para que sepa que un discípulo de Cristo llegó a negar al Señor. Para que usted no lo haga ni con sus hechos ni con sus palabras. Y, en fin, para que saque una lección aplicable a su vida o a las personas que va a compartir. También hay historias que se cuentan para situarle en el momento, para que sepa cuál era la costumbre de ese tiempo. Por ejemplo, hay historias muy bonitas, como la famosa historia de Rut y su suegra Noemí. El libro de Rut nos cuenta muchas cosas donde usted podría llegar a preguntarse para qué la Biblia me cuenta la historia de estas dos mujeres que se quedan viudas y pierden a sus maridos; que tienen que empezar de cero, caminado un largo recorrido desde Moab hasta Belén donde vivía y cómo una logra rehacer su vida, y la otra ya no quiere que le llamen por su verdadero nombre porque no coincide con su estado actual. Bueno, todo eso es una historia como, por ejemplo, la del libro de Ester.

Son historias muy interesantes. Son historias preciosas a través de las cuales el Señor le está mostrando varios principios. Le está mostrando como es Él, como dirige la vida de las personas. Como Él tiene el control de todo lo que ocurre, aunque aparentemente va a ser un desastre lo que acaban de decretar. Por ejemplo, el famoso libro de Ester es un libro que, si no lo lee hasta el final, le puede llegar a entrar mucho miedo, y hacerle creer que los inconversos pueden firmar un decreto y matar al pueblo de Dios, deshaciéndose de ellos cuando les dé la gana. Pero usted va viendo el desarrollo de la historia, como a pesar de que el diablo siempre quiere impedir los planes de Dios y exterminar a todo el pueblo de Israel, al final el Señor nunca pierde. El Señor siempre gana. Por tanto, cuando es una historia, cuéntela toda, no omita parte de ella, sino cuéntela tal y como está en la Biblia. Respetando siempre el orden, los personajes, el momento histórico, etc.

Así que, fíjese que el compartir o predicar la Palabra no es inventarse un par de frases y rellenarlas un poquito con dos chistes, dos historias personales y un testimonio. Sino que es algo muy serio que implica una preparación. Mire, para una hora de mensaje probablemente tendrá que prepararse cuatro o cinco horas. Para estar hablando una hora (que se dice rápido) y no estar repitiendo y repitiendo siempre lo mismo, probablemente usted ha tenido que estar estudiando muchas horas para poder tener un resumen de todo lo que ha estudiado y de todo lo que ha preparado.

Una de las cosas que les quiero compartir acerca del mensaje, por ejemplo, el imperativo:

Efesios 5:18: *"Sed llenos del Espíritu"*.

Si usted quisiera desarrollar este versículo de una forma amplia, debería leer el contexto donde aparece el versículo. Y sería muy bueno que explicara, por ejemplo, cómo una persona puede ser llena del Espíritu y qué áreas de su vida tienen que ser llenas del Espíritu.

Los temas podrían ser:
⇨ ¿Cómo vivir una vida llena del Espíritu?
⇨ ¿Qué áreas tienen que ser llenas del Espíritu?

⇨ ¿Cómo puedo ser lleno del Espíritu Santo?

⇨ ¿Cómo puedo saber yo que estoy cumpliendo con ese versículo?

Beneficios de vivir una vida llena del Espíritu:

⇨ ¿Cuáles son los beneficios?

⇨ ¿Cuáles son las "manifestaciones" internas o externas de vivir una vida llena del Espíritu?

Y si fuera posible, ponga también ejemplos bíblicos de personas que fueron llenas del Espíritu.

No quisiera finalizar este libro sin antes hacer una oración por su vida: "Le pido al Señor Jesucristo que le ayude a asimilar todo lo que le he podido aportar desde lo profundo de mi corazón con este libro, y por supuesto sea de mucha bendición para su vida y su ministerio. En el nombre del Señor Jesús, amén".

Biografía del autor

 El Pastor José Manuel Sierra o Manolo Sierra como también se le conoce, nació el 2 de octubre del año 1961. Entregó su vida a Cristo siendo muy joven y al poco tiempo recibió el llamado del Señor para servirle en su obra. Por lo que inmediatamente estudió en el Seminario Teológico de Las Palmas de Gran Canaria graduándose el día 31 de mayo de 1981. Desde entonces comenzó su ministerio como evangelista en diferentes lugares de España y Argentina junto con su esposa Elena, y sus hijas Priscila y Miriam.

En obediencia al llamado que el Señor puso en su corazón, se trasladó junto con su familia a las Islas Canarias, donde fundó el Centro Evangélico Vida Nueva en Santa Cruz de Tenerife, el cual sigue pastoreando hasta el día de hoy.

El Pastor Manolo Sierra siempre se ha caracterizado por ser un hombre apasionado por el estudio e investigación de las Sagradas Escrituras, incluso llegando a dominar el hebreo bíblico. Su principal anhelo es favorecer a que el mayor número de personas posible sean capaces de alcanzar un nivel superior de conocimiento del Señor a través de su Palabra.

Los canales de YouTube y Facebook de la iglesia son de los más visitados por la comunidad cristiana evangélica del mundo hispano hablante.

Pues, para muchos, las predicaciones del Pastor Manolo Sierra contienen un mensaje muy adecuado para el pueblo de Dios en la actualidad.

Escatología Bíblica

Siempre que nos acercamos al libro de Apocalipsis surgen preguntas: ¿Pasará la iglesia por la Gran Tribulación? ¿Cuál es el significado de los siete sellos, las siete trompetas, y las siete copas? ¿Quiénes son los dos testigos? ¿Cómo será el reino milenial de Cristo?

Para dar respuesta a estas y otras muchas preguntas, le presentamos el libro de Escatología Bíblica del Pastor José Manuel Sierra. Quien ha dedicado más de cuarenta años de su ministerio a "descubrir lo oculto, en lo revelado".

Disponible en la plataforma de Amazon o en el siguiente link:

https://mybook.to/escatologiabiblica

Biblical Eschatology

Whenever we approach the book of Revelation, questions arise: Will the church pass the Apocalypse? What is the meaning of the seven seals, the seven trumpets and the seven bowls? Who are the two witnesses? What will the millennial kingdom of Christ be like? To answer these and many other questions, we present the book of "Biblical Eschatology" by Pastor José Manuel Sierra. He has dedicated more than forty years of his life to discovering "the hidden, the revealed".

Get the book through the Amazon platform or this link:
https://mybook.to/biblicaleschatology

Made in the USA
Monee, IL
15 June 2020

33655637R00121